翻轉學

翻轉學

人前で5分以上自信を持って話せる方法

面對一億人也不怕的
33個說話技巧

簡報、演說、面試、聊天，
無論各種場合，人人都想聽你說

NHK資深主播・說話專家
石川光太郎——著
周若珍——譯

Contents

目錄

Chapter 2

隨口說都有「記憶點」，話題聚焦11招

Chapter 3

這樣問話，和誰都能聊不停

Chapter 4

用聲音和姿勢，展現驚人「感染力」

Chapter 5

每一句都是重點的說話術

前言 台上台下充滿自信的說話技巧

這些場合，你總是擔心自己上台「很緊張，話講不清楚」？

- 面對主管、同事、客戶簡報。
- 婚宴上致詞或擔任主持人。
- 找工作面試時，必須自我介紹。
- 受邀上台的公開發言機會變多。

這本書，專門為了「必須在眾人面前說話、卻擔心表達不好」的人而寫。

我是一位教人「說話技巧」的講師，課堂上的學生大多都是一上台說話，就非常緊張的人，當然，也有即將成為主播或聲優的人。多數的學生都以為我是天生能言善道，其實在教人「如何說話」之前，我也有過很慘痛的經驗。

其實你不知道，藝人和主播面對人群也會緊張

我在ＮＨＫ已經任職約二十年，直到幾年前，都一直擔任主播的工作，但在正式播出前和播報途中，卻仍因為緊張而犯了好幾次丟臉的錯誤。即使是經常有機會在人前說話的主播，每次在讀稿或錄影時，也還是會緊張。

每當聽到我說這番話，身邊的人都會說「是嗎？看不出來耶」，但這是真的。不只是主播，我想演員或藝人也一樣，**他們不是不緊張，只是「不想讓別人看出緊張」罷了。**

以下這些經驗，你曾經有過嗎？

- 在公司向大家簡報的時候，不知道該把視線放在哪裡，眼神游移不定。
- 已經背好演講稿了，但卻因為太緊張、而在講到一半的時候忘詞。
- 在演講時，總是講到超過預定時間，或是時間還沒到就講完了。
- 雖然沒有特別緊張，但是卻不自覺地擔心自己的想法是否能確實傳達給對方。

這種緊張的心情任誰都有，有時候腦中會一片空白，有時候則會一不小心就說太

多。而經常需要面對人群的主播和藝人，其實都懂得可以避免這些問題的訣竅。

所謂的訣竅並不難，就是確確實實地「準備」，只要掌握「準備的訣竅」，任何人都能充滿自信地說話。如果各位確實做到本書中所介紹的準備方法和心理建設，當有機會要在人前發言時，就再也不會出現讓自己無地自容的嚴重失誤，而且，就算臨時必須要對人群發言、發生無預警的狀況時，不管遇到什麼樣的問題，都能冷靜的妥善應對。

我也並非打從一開始，就是一名能獨當一面的播報員。跟同期的同事相比，我甚至是進步得比較慢、能力比較差的。縱使如此，我還是能在ＮＨＫ擔任播報員將近二十年，我想原因就是在每次播出之前，我都紮實的、一次又一次的做好準備。

不懂表達的人，容易被邊緣化

成為「說話專家」之後，我親身感受到懂得如何在人前說話，真的會帶來許多好處。聽到眼前的說話者，講話內容不僅簡潔易懂，而且表達生動，你一定會覺得：這個人思緒好清晰、表達能力真好！如果，你不管在交辦公事或是溝通商談，都可以在短時間內結束的話，任誰都會想要再次和你共事、甚至在私底下想更親近你。

你是否也有這樣的經驗：在聽完一場非常有趣的演講之後，總覺得「我想再多聽聽這個人說什麼」，也就是說，「談話和表達」，正是促使溝通更加良好的基礎，**只要能順暢地表達自己的意思，那麼無論在公事上或私領域，一定都能有更豐富的收穫。**

本書中，我利用淺顯易懂的方式，為各位介紹我長期累積的播報員生涯經驗中，所學習到「如何克服緊張、確實表達自己想法」的訣竅，希望能讓各位活用。內容將分成基礎篇、應用篇和高級篇，總是在簡報完後，才因為自己講不好而垂頭喪氣的人，或是經常在演講時出錯的人，也能自信滿滿地在人前「表達」。

充滿自信的說話技巧，一點也不難

序章中，我將針對大多數人的煩惱提出應對方法，例如，我會說明為什麼一站到人前，就不由得因為緊張而汗流浹背、聲音顫抖的原因。

第一章，我將以自己的經驗為基礎，整理出當我們實際站在人前說話之前，就必須克服的幾個要點。我舉出許多實例，讓第一次在人前說話的各位也能輕鬆地理解。萬一時間不夠充裕，即使只讀第一章，也能做好最基本的準備。

第二章，我會告訴各位一些小技巧，如果你已經有多次在人前說話的經驗、但是卻擔心自己的說話方式是否會能引起聽者的興趣，或是想要更有效地利用手勢、學會進階的表達方法，第三章中有許多我的獨門小技巧。第四章，我會帶各位做一些「運動」，讓各位的聲音聽起來更清晰、遣詞用字更流暢。

雖然我將這些技巧歸類為「高級篇」，但是對於播報員、演員等專業人士來說，這些都是一開始就必須做到的正確發聲練習。發出悅耳聲音所必備的腹式呼吸及發聲練習，是未來想成為播報員或演員的人最初必學的知識。

最後，我將與各位分享怎麼減去廢話，讓你說的話句句都是精華、重點。在各位讀到這一章的時候，應該已經學會「緩和緊張的方法」了。各位的目標，就是學會「**如何在人前自信、清楚地表達出自己的想法**」。其實不管是誰，當在人前說話時會感到緊張，或是無法把話說清楚，都是很正常的反應。

如果這本書能幫助各位讀者了解：每個人在面對另一個人、另一群人開口表達時，都會感到緊張；透過書中消除緊張、充分準備的技巧，進而在人前說話時不再感到煩惱，那將是我最大的榮幸。

序章

緊張，是自然反應，能緩和，無法消除

就連有二十年經驗的主播，也會緊張

各位是否也有過這樣的經驗呢？只要一站在人群面前、感受到來自周圍人們的視線，就會不由自主地臉紅；演講時，也會發現自己的聲音在顫抖；愈是想要掩飾，情況就愈糟……。

我目前在播報員專門訓練學校擔任講師，在人前說話時，總是會被學員們問到：「有沒有在人前說話不緊張的方法？」

無論於公於私，各位在人前說話的機會，應該都在逐漸增加。不過，我想一定有很多人，會想儘量避免站在人前說話，主要的理由不外乎是擔心「因為太過緊張，所以可能會表現不好」。

緊張的情緒，來自大腦的「防衛機制」啟動

首先，我將根據自己擔任ＮＨＫ播報員近二十年的經驗，具體舉出實例，來說明

「為什麼會緊張」，希望能逐步解開這個謎題。

其實，世上並沒有「讓人不緊張的方法」，**在人前說話會緊張，以科學的角度來看，是理所當然的事情。**不過，倒是有「緩和緊張的方法」。

我進入ＮＨＫ兩、三年後，任職於高知分局，而那是我第一次播報播送至全國的新聞，開播前，我忍不住想：

「播送到全國的新聞，會有多少人看到呢？要是在播報的時候突然詞窮了該怎麼辦？稿子只有一分鐘，應該不會有問題吧？反正只要像平常一樣地讀稿就好了。不，萬一出了問題怎麼辦？糟糕，心跳變得好快、拿著稿子的手也開始發抖了……」

雖說已經累積了好幾年的經驗，但只要一想到「雖然是在高知播報新聞，但這段新聞卻會在全日本播放」，我就緊張得汗流浹背，但是，又不能從攝影棚逃走。

於是，我就在心臟噗通噗通地狂跳的狀態下，用顫抖的聲音播報完了新聞，等我回過神來時，新聞早就已經播完了！在那之後，我還是繼續擔任播報員的工作，就這樣過了二十年。

緊張的真面目，其實就是「不安」和「恐懼」。這些情緒是在和「大腦」溝通之後所產生的。**當傳達至大腦的資訊是我們未知或不熟悉的東西，腦中便會萌生不安的情緒，我們的防衛機制也會開始運作，藉以保護自己。**

聲音之所以會顫抖，也是因為防衛機制使我們的身體僵硬、聲帶緊縮的關係。當恐懼的感覺增強，心跳次數就會增加，心臟自然會噗通噗通地狂跳。這就和半夜走在路上時，突然聽到有人從背後說話、讓我們嚇一跳的情緒相同。

此外對大腦來說，「新資訊」並不只是周遭的環境，還包括了傳入耳中的聲音、詞彙，以及對方的動作。當「不同以往」的資訊輸入大腦時，緊張的程度就會更高。

和「緊張」相同的情緒是「興奮」

不只是演講，各位在運動比賽前，或是演奏會開場前，是不是也有「心跳加速」的經驗呢？不管事前準備得再周詳，任誰都會擔心「一切會順利嗎？」「會不會失敗呢？」因而產生不安的心情。

另一方面，在第一次前往陌生的地方旅行，或是觀賞最喜歡的演員擔綱演出的電影時，各位是否也會有「興奮得不得了」的心情？

上述兩種情緒雖然是相對的，但是在生理上呈現的「因為緊張或興奮而心跳加速」的狀況，兩者其實完全相同；不同之處，在於「心態」。「緊張」的情緒，會根據心態的不同，分成**「好的緊張」**與**「壞的緊張」**。

只是「背熟內容」，無法消除不安

緊張可分為「好的緊張」與「壞的緊張」，前者可以解釋為「繃緊神經」，後者則是源自不安的緊張，與「自信不足」息息相關。

陷入「沒自信」的惡性循環

相信各位讀者應該已經看出來了，其實我一直以來都是個很容易緊張的人。學生時代，我曾經學過戲劇，也有過幾次站在舞台上的經驗，然而我還記得，每次在開演前，光是從後台偷看到觀眾席上的眾多觀眾，我的腳就會發抖，心臟也會激烈地跳動。愈接近自己出場的時間，緊張的程度就會愈強，等到緊張的程度達到巔峰時，就是輪到我出場的時刻。

在那之後，我做了什麼事、說了什麼話、有沒有好好地演完，我幾乎都不記得——不用多說，這正是「壞的緊張」，證據就在於我無法冷靜地回顧自己的行動。雖然我已經練習了很多次，但還是如此緊張，就是出自於缺乏自信的關係。

這樣的狀況，直到我成為了播報員之後，仍然持續了一陣子。當時新進播報員的培訓期間只有一個月左右，在基本播報技巧都還不太熟練的狀態下，我就被分配到高知分局赴任了。新進人員必須在第一個赴任地澈底實踐所學，慢慢成長為一名獨當一面的播報員。

話雖如此，對於觀眾來說，不論是新進人員或是資深人員，播報員就是播報員。將新聞完整的播報出來、順利地進行現場連線、流暢地在人前或在鏡頭前說話，這些都是理所當然的，而這也是觀眾對我們的看法與要求，因此，播報員們完全不容許出現「壞的緊張」。

然而，在幾乎沒有實際播報的經驗時，要讓自己不准出現「壞的緊張」，真的很困難。就像前述演戲的例子一樣，我只是拚命地想完成工作。一場工作結束後，我根本不記得自己做了什麼、講了什麼，由於無法保持從容的心情，自然也不會產生自信，因此我陷入了一種惡性循環。

説得流暢，不如說得「有內容」

其實，在我第一次現場連線播報新聞的時候，因為太過緊張而沒能好好地表達，在心裡留下了陰影。

那是在傍晚六點新聞裡的三分鐘現場連線。當天是中秋節，因此我們配合節日，前往採訪一場在寺廟舉辦的音樂會。

由於是第一次現場連線，我直到最後一刻才想好報導的台詞，反覆練習後才開始現場連線，但是我的聲音和手腳都不停發抖，聲音細如蚊鳴。我沒有餘力去看電視螢幕和現場的狀況，只是拿著寫有報導台詞的小抄，拚命地把它念完而已。

最後，這段新聞的結果慘不忍睹，影像和報導台詞出現落差，連到底在什麼地方現場連線都看不出來。雖然只有短短的三分鐘，感覺卻非常漫長。除了觀眾之外，我對棚內主播也感到相當抱歉，心情沮喪不已。

經過這次現場連線之後，有好一段時間，我都強迫自己「絕對不可以犯錯，一定要把報導台詞背熟」，甚至對現場連線感到恐懼，這都是因為我認為「非得把話說得流暢又漂亮不可」的緣故。

各位在人前說話的時候，是不是也會想要「說得好一點」、「想把自己最棒的一面呈現出來」呢？只要是人，當然都會想呈現出自己最好的一面，但是這當中卻藏著一個陷阱。

有時候，在各位聽完別人說話之後，是不是也曾有過這樣的感受：「那個人說話很流暢，但是內容卻好無趣」、「感覺像是在背書」、「他嘴上雖然那樣講，但實際上真的那樣認為嗎？」**這是因為對方的話裡毫無內容，因此無法將自己的想法傳達給聽眾。**

如果你一直以來都只注重形式，那真是大錯特錯！因為聽眾想要的並不是「很帥氣的你」，而是「說話的內容」。我相信各位應該也發現了，當你在聽別人說話時，並不會在乎對方是否表現得帥氣，而是「內容是否打動了你」。

會「緊張」的人，才不容易犯錯

在當上播報員兩年後，我曾有幸與一位在東京負責播報全國性新聞的前輩談話。對於當時的我而言，他就像一位超級巨星。當前輩播報完新聞後，我對他說：「您都不會緊張，好厲害！」

「我說石川啊，我怎麼可能不會緊張呢？你看。」他邊說邊脫下西裝外套，讓我看到他襯衫的腋下部分——原來都已經汗溼到變色了！我嚇了一跳，忍不住問道：「原來前輩也會緊張啊？」

「世界上應該沒有不會緊張的人。**相反地，如果不緊張，反而才容易犯錯。**」前輩這麼教導我。

不是消除「緊張」，而是要克服「沒自信」

聽完這番話我才明白，**原來「緊張」是很正常的情緒，甚至可說是「必要的情**

緒」，「好的緊張」其實就等同於「集中精神」。

話雖如此，或許仍有不少人會覺得「就算專心，還是會緊張啊」、「問題在於還沒集中精神，就太過緊張了」。這種緊張，應該是源自於不安的心理。

我想各位應該有過這樣的經驗：只要一緊張，就會出現「手腳就會發抖」、「無法發出聲音」、「流汗」、「覺得心跳激烈得像是心臟快要跳出來似的」等現象。當生理上已經出現這樣的狀況時，想要立刻恢復平常心，就很困難了。那麼，究竟該怎麼辦才好呢？

最好的方法，就是避免陷入壞的緊張狀態。為了達到這個目標，當然必須事先做好充分的準備。

在那一次失敗的現場連線後，我不斷思考著，到底哪裡做錯？後來我發現，原來問題出在「以為自己已經準備好了」，但其實準備得並不夠充分。

接著我發現，正因為如此，我才無法擁有自信。我和學生時代演戲時的自己一模一樣，毫無改變。另一方面，有許多「壞的緊張」，都是因為事前準備不足或上場前想太多所引起。

人名、地名、機構名稱等專有名詞，都是絕對不可以說錯的；若沒有充分的把握，在人前念錯讀音、名稱，一定會立刻直冒冷汗，陷入典型的「壞的緊張」狀態。

這些因不安、沒自信而產生「壞的緊張」，都可以透過事先充分地準備而避免。在接下來的第一章裡，我將具體地介紹什麼是「做好完善的準備」。

第 1 章

讓人印象深刻的11個說話技巧

1 準備內容前，先思考「說的順序」

在「序章」中，我提到只要做好萬全的準備，就可以避免陷入「壞的緊張」。無論做什麼事其實都一樣，要是沒有準備，就無法開始。例如想要從事運動，也必須先鍛鍊基礎體力，在比賽前更必須調整體能。

想在人前充滿自信地說話也是一樣，假如在完全沒準備的狀態下，就連靠「說話」吃飯的播報員，也很難說得好。甚至可以說，愈是專家，就愈應該用心準備、需要每天不斷地練習。

主題和順序，都會影響「表達的力道」

各位是否曾在撰寫「講稿」的時候遇到瓶頸？就算寫好了講稿，也可能對這份講稿沒有自信、擔心講稿會不會無趣或是太普通，又或許是對自己的口才沒有信心，或是想把講稿寫得更具有獨創性等等。在撰寫講稿之前，本來就要先決定「要說些什麼」。

決定主題後，下一步就是思考要如何「烹調」內容，使它變得充實。在烹飪的時候，首先需要的就是材料。而在蒐集材料時，有時可能不只是在網路上找資料，也需要直接採訪相關人員。除此之外，**有時也必須思考讓內容聽來更有趣的表達順序。**

一旦著手準備，就會有怎麼也準備不完、不知該如何是好的感覺，但是從尋找主題、選擇主題、思考結構、撰寫講稿、區分必須背起來和不需要背起來的部分，甚至是表達方式，其實都有重點和訣竅。

在本章中我將為各位介紹，當臨時「必須在人前說話」，沒有時間又無法提前寫好講稿的狀況下，可以用最少的準備，以最低的標準度過難關的技巧。如果像播報員這類被定位為「能言善道」的專業人士，除了必須要有本章說明的知識之外，更應該具備面臨地震、重大刑案等各種突發狀況時立即報導新聞的能力，隨時做好上場的準備。我會在第五章說明，其實只要在日常生活中稍微花一些工夫，就能訓練這樣的能力。

在人前說話時，最重要的就是先清楚地掌握那是一個「什麼樣的場合」。在任職於NHK的廣播中心時，某次我參加了一場企畫會議，討論下次報導的主題。當我被要求說明自己的企畫時，我便照本宣科地念出從企畫書中整理出的要點，卻遭到主管嚴厲地斥責。

「如果只是念念企畫重點，我只要看你寫的企畫書就知道了！企畫的內容是什麼？你自己的想法又是什麼？為什麼你認為這個主題值得做成節目？你不說明這些，我怎麼會知道呢？」

在主管的震怒下，現場陷入一片寂靜。最後多虧了前輩幫我說話，會議才順利結束。當時的我，錯把企畫會議當成了一個「單純報告的場合」，而這明明是個必須對同事和主管說明自己的企畫、也就是必須好好表達自己想法的機會。

於是我深深地反省，**原來自己不但沒有認真思考「現在是什麼場合」，更欠缺了「想要表達自己」的欲望。**

別讓脫口而出的「一個字」，搞砸重要機會

播報員在採訪或與人對談時，就算受訪者是小孩子，也一樣會加上「請」。除了在播報時一定會避免使用播報時的禁用語之外，我們在日常生活中也會儘量使用有禮貌的措辭。

因為在遇到突發狀況時，人就會不自覺地展露出自己「平常的一面」。由於那是一種下意識的反射，因此很難控制。例如，假設我們正在聽一位企業老闆演講。當他演講到一半時，手中的講稿突然散落一地，而就在那一瞬間，我們聽到麥克風傳來一句「靠！」在台下的聽眾會怎麼想呢？

光是這麼一個字，這位講者的內容就算再豐富，也會因此打了折扣，我們最常說錯話的時候，就是在必須在人前發言的緊張狀態下，又發生出乎意料之外的事情時。因為這時的注意力都放在突發狀況上，而一不小心就脫口而出了「絕對不該在人前說出口的話」。

這個問題，事實上只有一個解決辦法，從平常就要儘量注意自己的遣詞用字，避免使用不得體的詞彙。「我們對人的觀感，有九成取決於第一印象」，而一個人的遣詞用字當然也包含在內。

在重要的面試或演講場合中，我們絕對不會希望一個「不小心脫口而出」的字眼，影響別人對自己的印象。此外，有時雖然想要表現出親和力，卻反而讓對方感到不舒服，因此在日常生活中，無論對誰都要使用「請」，這是一個基本原則。

2 怕冷場？先搞清楚「聽眾背景」

開口之前，先仔細思考自己是在「什麼樣的場合」說話。假如用平常慣用的用語或態度說話，那麼就可能會犯下前面所說的錯誤。「清楚自己的立場」，換句話說，也就是必須懂得「觀察現場的氣氛」。

在什麼樣的場合，以什麼樣的立場說話才恰當，只要確實掌握這一點，就沒有問題了。假設同事們一起替自己舉辦了一場送別會，最後，大家希望你說幾句話。在這種場合中，由於自己就是主角，因此可以照自己的意思講話無妨，也就是說，當主角是「自己」時，就比較容易掌握「該說什麼」。

那麼，當我們必須在客戶面前說明產品的特性、或是必須在學校的親子座談會中發言，又或是必須在素昧平生的人們面前說話時，該注意些什麼？首先，各位要先搞清楚「發話對象」是誰。

和自己無關的事情，當然沒興趣聽

假如是要進行產品的簡報，聽眾就是「主管」或「客戶的高階主管」；假如是學校的座談會，「晚輩」、「學生」或「孩子們」就是聽眾。**另外，我們還必須發揮想像力，推測對方「想聽些什麼」**，這時就必須思考，聽眾是什麼樣的人？男女的比例是多少？年齡層大約分布在幾歲之間？

對著想知道如何育兒的媽媽們，說明「推銷業務」的方法，根本就沒有意義；對著還沒結婚的年輕女性，說明上班族婦女邊工作邊帶孩子有多麼辛苦，對方也不會感同身受。也就是說，我們必須想像對方感興趣的話題。

除此之外也要假想，倘若今天自己是聽眾，聽完這番話之後，真的有辦法實踐嗎？這些話真的足以當作參考嗎？能讓我印象深刻嗎？在這樣的前提之下，再去思考這個場合中說話的口吻，應該要莊重嚴肅，或是稍微輕鬆詼諧也無妨。

每段談話和關係，都始於簡單的「背景介紹」

這就是「掌握聽眾的注意力」，不過，有一種場合是無法馬上掌握聽眾究竟想聽什麼，那就是「自我介紹」。互不相識，也不知道對方感興趣、想要聽的是什麼，但總之「必須先開口」，好讓對方多了解自己一些。

具體來說，就是在剛入學或剛到職時，在同學或同事面前的自我介紹，或是在小孩的學校第一次參加家長座談會、或在文化中心參加講座等場合。

我現在舉辦的講座，每一場的人數大約為十人左右，學員有學生、社會人士等，涵蓋各種行業和年齡層。在第一次上課時，我都會請學員們自我介紹，而學員們所說的，其實就是自己的「背景介紹」。若是學生，在第一次自我介紹時，內容多為就讀幾年級和主修科目；若是社會人士，則是自己的業種和職別，以及來上課的理由。

這樣一來，不管老師還是學員，都能大致掌握未來將齊聚一堂、共同學習的同伴背景。而在這樣的場合中，無論是學生或社會人士，在一開始交談時，都會使用「請」和「您」，因為這時每個人都還在試探彼此的關係，尚未確認「自己的立場」。

而一起上課一段時間後，大家慢慢明白彼此的個性和對課程的態度，也就能漸漸掌握對方的喜好、興趣，進一步掌握談話時的主題和方向了。

3 從時事中聯想話題

當我們已經掌握表達的口吻和聽眾背景後，接下來的疑問，應該就是「到底該說些什麼？」要用什麼方式、說些什麼內容，才能引起對方的興趣、讓對方感到愉快呢？更重要的是，自己想表達的內容，是否確實傳達給對方了呢？各位的腦海中想必會湧上各式各樣有關「說話內容」的問題。

主題就在身邊，難的是找出「可看性」

決定說話的「主題」，其實是最困難的部分，要是無法決定「主題」，一切就無法繼續。我在現場連線時的經驗，或許可以當作參考，因此接下來我想分享擔任播報員時尋找「採訪題材」的經驗。

在ＮＨＫ，播報員經常必須自己決定播報主題，接著要構思內容、進行採訪、製作報導等。而每次最耗神的，就是「找題材」。此時，最重要的就是「為什麼這個題材值得現場連線轉播」。

連線是現場直播，因此如果不仔細思考為什麼要在「此時」、「此地」選擇轉播這個主題，相信觀眾看到了，心中也會有疑慮，「現在為什麼要播報這個新聞？」

我有時會從報紙、網路、書籍等媒體中，尋找可用在現場轉播的題材，有時也會從日常生活中尋找靈感。當我帶著好不容易找到的題材去找主管商量時，卻經常被否定：「我不懂為什麼要現在報導這則新聞」「為什麼要在這個時間點？」「之前已經報導過了」「你到底想表達什麼？」……常常因此不得不從頭開始再找一次。

從「梅雨」跳到「摺疊傘歷史」的聯想力

原本總是為了尋找題材而陷入苦戰的我，忽然想到了一個簡單又有用的方法：**「聯想」**。假設我必須在梅雨季節現場連線報導，就從「梅雨」二字開始聯想——

一想到梅雨，腦海中就會浮現雨傘、長靴、雨衣、繡球花……。不管什麼都可以，把想到的每一個單字都寫下來。假設我們從這些單字裡選擇了雨傘，接著，從雨傘又可以聯想到什麼呢？

塑膠傘、色彩繽紛的傘、折疊傘、日式傘、孩童專用的小雨傘……，可能出現各種答案，這時，我們再逐一仔細檢視和「傘」有關的每個單字。

「塑膠傘現在已經可在便利商店隨手買到，乍看之下高級的東西，現在正流行。」或是**「現在折疊傘的體積好小，又輕又好帶，跟以往的相比真是進步太多了！可是用完後必須折起來，好麻煩。」**

從「傘」開始，或許能想到上述這些相關的敘述和感想，而在這些想法中，你最感興趣的是什麼？

假設我們選擇了從「折疊傘」開始往下聯想，「折疊傘是在哪裡製造的？」「是怎麼製造的？」「國內著名的產地是哪裡？」這些相關的疑問，也會隨之而生。而到了深入思考的步驟開始，就不是「聯想遊戲」，而是發想採訪主題了。

透過網路或書籍，可以先查到初步的資料：**折疊傘誕生於德國、一九五〇年代開始在日本普及，折疊傘的著名產地**等資訊，都能先在網路上查到。

下一步，則是調查產地著名的業者或店家。若是運氣好，或許當地的業者正在研發或準備進口某款劃時代的新型折疊傘，又或是最近才剛開始販售也說不定。試著前往當地詢問相關人員，如果發現什麼新的動向，應該就可以當作是一項「題材」了。

在尋找電視新聞的題材時，倘若這個主題沒有新的動向、新的發展，那就無法成為值得現場連線的報導了。

不過，在查了這麼多資料後，對於折疊傘的了解也會比一般人還多！就算不適合當作現場連線的報導，在蒐集資料過程中所獲得的相關知識，也足以作為在人前說話時的主題之一。或許無法立即在與人談話時用上，但「知識」本身都是有用的，不管是否能增加在人前說話的話題，比別人多懂一些，就更有機會拓展自己的人脈。

4 蒐集「沒人聽過」的內容，吸引力大增

在舉辦某種產品的發表會時，我們都會事先仔細調查這項產品和其他公司產品的相異點是什麼？這項產品有多麼優秀？和之前的款式有什麼不同？

愈查就會發現愈多資料，這是理所當然的，而且在這個階段，我們已經對該項產品瞭若指掌。

大家都知道的主題，為什麼他一講就好有趣？

製作了一則有關折疊傘的報導，說不定就能成為一個折疊傘的業餘專家。如果更進一步，直接前往採訪相關當事者，接觸「新鮮」的資訊，或許有機會獲得常人不易得知的事實，這麼一來，我們所獲得的資訊就因為「少有人知」而升級。

一段談話中抓住人心的關鍵，就是加入一般人不知道、聽眾第一次聽到的內容，讓大家驚呼不斷。如果談話內容中沒有讓對方眼睛一亮的部分，就算談話繼續下去，也只

會無疾而終，無法在對方心中留下深刻的正面印象。

只要仔細調查，就能得知雨傘業界或現今折疊傘市場的動向，此項資訊的普及率不高，但也未必「少有人知」，若能直接從相關人士口中問出尚未公布的資料或計畫，那麼可信度就會提高，也更具有作為話題的價值。

若以上述的折疊傘為例，我們可以直接詢問相關人士：「劃時代的傘是如何誕生的？」「研發過程中遇到什麼挫折？」「完成的當下有什麼感想？」只有實際參與過的成員，才會知道的問題。如此一來，我們就可以把研發人員的故事當作小插曲，加入自己的報導（談話內容）中，讓報導更具體，同時也更有說服力。

「達人」比「萬事通」更有吸引力

最危險的就是囫圇吞棗地直接拷貝網路、書籍或雜誌上的內容，剪剪貼貼之後當成一篇報導。製作報導時，一定要去詢問專家的意見，確認內容的真實性才行。而且不是只訪問一、兩個人就好，如果可以的話，同一個問題，要儘量多問不同的人，綜合不同的看法後再集結成報導。

在介紹某項東西時，應該澈底地蒐集資料，以成為一個「不論被問到什麼問題都答得出來的「達人」為目標。這不只是對商品或企畫案，對人或自己本身也是一樣。我相信，愈了解談話的主題，說話時就會愈有自信。在自我介紹的時候，或許也可以思考一下，「『我』是個什麼樣的人呢？」

5 假想「現場狀況」，說話內容更生動

現在，我們已經掌握了說話口吻和聽眾背景，也決定好題目，並且蒐集到許多具體的內容。到了這個階段，「準備工作」就只剩下最後一步了。

現在，我們要思考「說」的先後順序，也就是用什麼樣的順序表達，才能讓聽的對象印象深刻。**最好的方法，就是先把「自己想說的話」寫下來，再思考並排列「說的順序」**。

不一樣的細節，藏在每一個段落

這麼一來，我們就會明白該如何「分段」比較恰當。撰寫講稿時，可以在分段的地方空一行，再花些心思逐步整理；這時，相信各位會看出細節，像是「這個形容詞後面再用好了」或「把這兩段調換一下比較好」。在這個過程中，我們會漸漸了解自己想說些什麼、最重要的是什麼、要怎麼做才能讓聽眾留下更深刻的印象……。

這時，可以在每一段的開頭加個★號，就會比較容易理解。此外，在文章的段落中間，可以先假想現場當時的狀況，也會有助於想像。以下是我在擔任結婚典禮司儀時的講稿：

★讓各位久等了。
新郎A先生以及新娘B小姐的結婚喜宴即將開始。
新郎新娘進場時，請各位用最熱烈的掌聲來歡迎他們。
（工作人員打暗號）
★各位，新郎新娘進場了！
（掌聲）
★新娘B小姐穿著〇色的〇〇禮服，挽著新郎A先生的手臂，緩緩步入會場。
（在新郎新娘即將入座主桌，朝全場賓客敬禮時。）
★請各位再次以熱烈掌聲歡迎這對新人！
（待掌聲停歇，稍等兩秒後）

★那麼，A府與B府的結婚喜宴，現在正式開始。

我是今天的主持人，石川光太郎。由於新郎A先生是我大學時代的朋友，而我又正好從事新聞播報，所以就理所當然地接受了這份工作，希望今天能夠帶給各位一場溫馨又美好的喜宴，還請各位多多指教。

（大概會有掌聲　稍微等一下）

★接著，我們有請貴賓上台致詞。

首先是新郎A先生公司的主管，也就是X股份有限公司的常務董事C先生。

C先生，請您為新人說幾句話。

（C先生，問候。名字一定要念對）

（絕對不可以弄錯。注意職稱！）

★C先生，謝謝您。

在自己要說話的部分，分段加上記號，或是換成粗體字，便能提醒自己注意。如何分段因人而異，重要的是找出自己覺得最容易整理講稿的方式。

6 講稿只是保險，千萬別「照著念」

若是擔任婚禮或活動主持人時，通常只要事先準備好講稿、現場依情況讀出即可，不會讓台下的與會者感到不自然。然而，在準備自我介紹、問候或是職場上的簡報時，雖然也可以事先撰寫講稿，先整理要說的內容，但是這時絕對要盡力避免照本宣科的讀講稿。

大家想聽「說話」，不是「背書」

「照著念」有兩個缺點，除了讓聽眾覺得說話者不可靠，一字不漏的念完，也讓這段說話、報告內容顯得生硬死板。講稿，其實只是為了預防緊張或突發狀況的「保險」，不能以為有了講稿就萬無一失。

除了要避免盯著講稿照念之外，也絕對不要背稿。一旦將自己寫的內容背下來，就會有壓力想要一字不漏的背完每一個字、每一句話。這麼一來，就變成「背書」，就算內容再詳盡，也無法將自己的想法完整傳達給聽眾。

此外，若是單純的把講稿背下來，在說話過程中，如果忘詞或講錯，腦中就只會浮現講稿的圖像，只會想著：「那個單字之後，我寫了什麼啊？」這時想要重新鎮定下來，就非常困難了。**為了避免忘詞而緊張，最好的方式就是記住講稿的段落大綱**，而這需要反覆不斷的練習。

以前，我曾在上課中請學員重新自我介紹。他剛換工作，並且馬上就要在新的公司向新同事自我介紹，或許是因為這樣，他顯得特別緊張。

他仔細地把講稿整理好，手拿著講稿，開始念：「我是剛加入這間公司的○○。我之前任職於○○公司。今天藉由這個自我介紹的機會，我對前公司的同事做了一些問卷調查，以掌握我在身邊的人眼中是什麼樣子的……」

以文章來說，講稿中的每個句子都不長，內容也都很簡單易懂，可是由於他只是照稿念，因此聽起來很死板、僵硬。在他的自我介紹結束後，我鼓勵他：「下次要不要試著『不帶講稿』自我介紹？」但他卻回答：「不，絕對不可能。」

「怎麼會不可能？你的講稿上寫的全都是關於自己的事情，就算不看著講稿，也一定能說得出來。」我再次鼓勵他，並請他再做一次自我介紹。

這一次雖然說得不太流暢，但仍然確實地不看講稿就說完了自我介紹，就連他本人都嚇了一跳。當然，因為這位學員深信，「要是沒看稿，就不會說話」的關係。介紹自己的時候，真的需要講稿嗎？世界上沒有人比自己更了解自己，而且是別人想說也無法說的。你的興趣和價值觀，都只有自己說得出來，因此應該根本不需要講稿才對。

介紹自己不需要死背講稿，那麼介紹別人的時候呢？我也常在講座上

■「講稿」只是預防突發狀況的保險，照著念一點吸引力都沒有！

讓學員進行這樣的練習：首先分兩人一組，並讓他們針對各種話題閒聊。最後決定一個主題，介紹對方。

因為是在講座中舉行的活動，因此有時只有十五至二十分鐘的時間，而幾乎每個人都一邊拿著講稿、一邊介紹。因為介紹的是一個自己不太認識的人，這時如果沒有講稿，就會很吃力。

不過，如果時間很充足呢？假如請每一組的人互相聯絡，進行準備，下週上課的時候再以不看稿的方式介紹對方——想一想，在這種狀況下，又需要做哪些準備？

假如下週有個重要的簡報，必須將大量的資料製作成投影片，配合投影片進行報告，那又該如何準備？前面我曾經提到，不要看講稿比較好，在需要簡報的時候，又該如何記住講稿的內容？接下來我將為各位說明，如何有「丟掉講稿的勇氣」。

7 記得「順序」和「專有名詞」就好

當我們擬好講稿，也確認過段落了，接下來就要有「丟掉講稿的勇氣」——並非真的把講稿給丟掉，而是把講稿放在口袋裡，當作一個保險。接著我要教各位，如何「記住講稿的內容」，又不會流於「背書」的技巧。

死背內容，一旦忘詞就完了！

要是將文章一字不漏地背下，有很大的機率會出錯。一旦出錯，腦袋就會一片空白，難以繼續說下去。**真的要記住的，只有「內容順序」和「專有名詞」**。人名或職稱、地名、設施或建築的名稱、專案的名稱、產品名稱、具體的日期等，必須背下來，絕對不可以出錯。

最重要的是內容順序，只要把順序分段，就能輕鬆地記住了。例如，在做產品簡報時，通常有以下五個順序：

1 問候與會人士、介紹產品名稱
2 產品內容與功用簡介
3 優點
4 目標客層
5 未來的展望

只要記住內容的順序就好，即使說錯了幾個助詞，或是在說話中出現「啊——」「呃——」之類的發語詞，也不用太在意。由於投影片和資料都是自己準備的，加上已經熟記專有名詞，因此能用「自己的話」表達——這就是利用「活的語言」帶來充分的表達力。

每位播報員都一定會歷經「現場連線」的經驗。我在第一章提到自己失敗的連線經驗，有話題性的、愉快的題材，絕對不可以照稿子念。因此，我便開始試著記住順序。而且只要動作愈多，就愈容易記得。換言之，也就是用「身體」加強記憶。

例如，在某個教室裡，老師正在講授說話課程，學生有六個人。而我必須打斷課程，連線報導這個課程的現場實況，整體的流程如下：

1 從教室門口開始連線，進入教室
2 看見正在進行發聲練習的學員們
3 等發聲練習結束後，採訪最前面的學員
4 介紹學員手邊上課使用的教材
5 採訪隔壁的學員
6 拍攝整個教室的狀況
7 最後採訪講師
8 拍攝整體狀況，做總結

先在心中「排演」一次，加深印象

一邊假想待會兒的狀況，一邊寫講稿，這其實也呼應了前述的「講稿只是為了方便自己整理」的概念，以下依據前段的「採訪流程」所寫出的講稿範例：

1 這裡是在〇〇開設的「說話課」。下班後的上班族或學員們聚集在這裡，他們正在上課。打擾了。

2 他們正在進行拼音的發聲練習，這門課程目前共有六位學員上課。他們表示，因為工作上的簡報、學校裡的報告……，最近必須在人前說話的機會變多了。

3 發聲練習結束了。各位好，打擾了。可以讓我問幾個問題嗎？請問您來上課多久了？一開始為什麼會想來上這堂課呢？

學員「我只要一站在人前就很容易緊張，所以想要學習在人前說話也不會太緊張的方法。」

謝謝您。

4 可以請您讓我們看看這堂課所使用的教材嗎？這是老師自己製作的教材，內容包括了發聲練習的方法、文章範例，以及在人前說話時的心理準備等。

5 那麼，接下來我想請教一下這位學員。您是上班族對吧？您好。請問您覺得這堂課最棒的地方是什麼呢？

上班族「從學生到上班族，各個年齡層的人都齊聚一堂，抱著同樣的目標一起學習，我覺得這一點很棒。大家感情都很好喔！」

謝謝您。

6 的確，各種不同年齡層的人一起學習，真的是一件快樂的事。聽說學員中也有人是因為喜歡課堂氣氛而前來上課的。

7 最後我們要訪問的是這間教室的主人，石川老師。您好。聽說這門課程的目的，是要緩和在人前說話時的緊張感，對嗎？

石川「是的！在這裡，我們會一起思考要如何緩和容易緊張的體質？大家要如何鍛鍊自己準備的技巧？由於學員的年齡不一，我相信在這裡能有許多新的發現，或是找到重新檢視自己的契機。」

謝謝您。請您繼續上課。

8 這個課程開設在平日的晚上，每週上課一次，而根據學員們的說法，大家每週都迫不及待地想要上課。不僅僅是學習，能夠重新檢視自己，並且從中獲得樂趣，或許也是這堂課的優點之一呢！以上是記者○○為您做的採訪報導。

以上就是先列出說話的順序，再配合「預演」寫出生動的講稿。不過，這份講稿並非讓各位「照著念」，而是為了「整理思緒」，真正要記住的，只有「在每個項目中，分別要問誰什麼問題？」和「該項目內容的順序是什麼？」。這麼一來，正式到現場站在受訪者、聽眾面前的時候，很快就能想起應該說什麼了。

把自己寫的講稿「全部背下來」，這是最差的做法，因為一旦不小心忘詞，就不知道接下來該說什麼、腦中一片空白，就算試圖回想，也只想得到「寫著講稿」的那張紙罷了。一旦發生忘詞的情況，很難再恢復鎮定、重新說下去。所以還是把講稿當作保險，帶在身上就好。

8 不超時、不多講，才能讓人印象深刻

不管是一分鐘、五分鐘或一小時，都會有人講到超時，或者因為不知道該說些什麼，連一分鐘都講不滿。聽眾的感覺也會有所不同，說話技巧高明的人，就算講了很久，聽眾也覺得好像一下子就講完了，意猶未盡；說話內容無味的人，就算只講一下子，也讓人感到焦躁難耐。

觀察聽眾的表情，適切地判斷內容，讓講話內容有高低起伏，當然是必要的，不過，擅於表達的人其實都有一個共通點，那就是懂得挑選長度合適的內容；一段演講成功與否的關鍵之一，就是妥善的分配內容的段落與時間。

分配時間，要注意說話速度和內容長短

在電視節目中，無論是主持人講話或是現場連線，最重要的也是分配時間。就算是負責播報新聞，一旦時間到了，導播也會毫不留情地切換到下一個階段。因此在正式播

出時，更要留意時間的掌握。在這裡，提供各位兩個巧妙分配時間的要點，這兩個要點會大大地影響演講的成果：

1 準備符合時間限制的內容

2 掌握自己的說話速度

首先是**1準備符合時間限制的內容**，不管時間是一分鐘還是一小時，只能選擇聚焦在重點上，或是講得豐富精彩。

我們必須先思考，在有限的時間內，是否能好好講完一段豐富的內容？在演講或簡報時，首先必須確認有多少發表時間。為了掌握這一點，我們可以在預演時計時。在確認有多少時間發表後，再將想表達的內容放進去。

最糟糕的情況，就是沒有決定主題和內容、沒有準備、沒有練習、也沒考慮到時間，就匆匆忙忙的上台說話。

在參加結婚典禮的時候，有時會遇到致詞冗長的來賓，讓我們忍不住心想：「這個人到底要講多久啊！」而且，為了避免「沒有重點，一直在講同樣的事情」，事先準備的工作不可或缺。

另一方面，在開會或是擔任喜宴、活動主持人等，會大大受到其他人影響的情境下，時間的分配就更難控制了。

上台致詞的人，平常就很愛講話、還是沈默寡言？宴會中如果有好幾場表演，那麼人員上下台、設置道具等需要花多少時間？這些外在因素也必須事前討論清楚。把每一個環節的時間都計算出來，再一個個安排流程。

2 掌握自己的說話速度

掌握自己的說話速度，是分配時間上最能掌握的一個不確定因素。很快地念稿、用平常的速度念稿、慢慢地念稿，各需要花多少時間？實際說話時也是一樣的，算算看，在二十秒之內，你可以傳達多少訊息？

假如由我用一般的速度簡單地自我介紹：

「我叫石川光太郎，是前NHK播報員，在兩年前離職了。目前是說話課程的講師，教導想成為播報員的人、或是想在人前更流暢地說話的人說話技巧。有興趣的朋友，歡迎與我聯絡，期待各位的消息。」

以上介紹需要花十七秒；如果念得稍快一點，則需要十五秒。要是在中間吃了螺絲，就要花二十秒。可以從這種簡單的內容開始，先掌握自己講話的速度有多快。

當你對自己說話的速度已經很清楚後，光是瀏覽過講稿，就能大致抓出需要多少的時間。一旦知道大約花多少時間就能念完，心情上就會比較從容，減輕「壞的緊張」。

降低冗長感的「語調變化」

我經常告訴學員們：「說話時要有緩有急。」不論是念稿或是即席演講似地說話，倘若始終用同樣的速度說話，就會使聽眾感到沉悶。

在一般日常會話中也很重要的，就是慢慢說、重複說。在開會或是在學校上課的時候，要是把重要的部分很快地帶過，聽的人也會左耳進、右耳出。大家可以試著在講到重點部分時，慢慢地、大聲地說，而其他部分則用普通的速度大聲說。

我們必須先充分理解哪個部分最重要，哪裡才是重點。從這個角度來看，「停頓」或許也是「緩急」之一。

如果沒有「停頓」，連續不斷地說一長串話，無論是講者或聽眾應該都會很累，而講者真正想說的東西，也會很難傳達給聽眾。

9 念對人名，減少九成緊張感

在準備好的講稿上作記號時，應該儘量具體地寫出當場的情境和狀態。我會想像在自己所說的兩個段落中間會發生什麼樣的事件，並寫下來。

例如在我寫著「鼓掌」的部分，會想像當時的狀況：掌聲多久才會停下，以及掌聲停下後，再次開口的時機等。

想像當天的情況，還有冷靜的自己

最重要的，是想像一個「無論遇到什麼樣的狀況，都能沉著應對的自己」；想像一個完全不緊張，落落大方地說話的自己，這就是所謂的想像訓練。

運動選手也會進行想像訓練，以求獲勝。事先仔細地想像，那麼正式上場時，如果也和自己想像的狀況一樣，我們就會更有自信。

不過，在想像之前，我們必須先了解會場的形狀、大小、聽眾會是什麼樣的人、人數、背景音樂、燈光照明等環節。此外，還可以更仔細地想像自己會穿什麼衣服、鞋子？在開始說話前的自己，精神狀態會是如何？

除了在人前說話之外，想像訓練應用在「人生規畫」上也很有用。具體地想像半年後的自己、一年後的自己、五年後甚至十年後的自己，就能將其當作人生的目標，而我們也會願意努力朝向那個目標前進。務必記得——要鉅細靡遺地想像。

在講稿完成後，我們必須進行確認，這雖是理所當然的。這時，人名、職稱和專有名詞等，絕對不可以出錯。

尤其是把別人的名字弄錯，更是失禮至極。換成自己被別人介紹時，要是自己的名字被念錯，我們一定也會感到不愉快。因此，務必先向當事人或是確切知道當事人名字的人確認，絕對不可以有「大概是這樣念吧」的僥倖心態。

人一旦認定了某種想法，之後想要修正就非常困難了。我也有過好幾次在播報新聞時說錯人名或地名的經驗，但專業的播報員不能用「因為當時忙著準備其他的東西，疏於確認，所以才犯下這種錯誤」當作藉口。後續的處理，比犯錯本身還要嚴峻好幾倍。

「懷疑」，確保自己不落入緊張的陷阱

原本就不知道的名詞當然要查，而在正式上場之前，更是不能忘記再仔細看一次講稿，對專有名詞的做最後的確認。雖然各位可能會覺得很囉唆，但這真的非常重要。

某次，和我同期進入ＮＨＫ工作的播報員同事正在預讀（正式播報前先順一次）新聞的講稿時，我無心地瞥見他正在念的講稿，發現他竟然在所有的漢字上面都標上了讀音。我忍不住問他：「你總是將所有的漢字都標上讀音嗎？」他回答：「我啊，老是不相信自己。」

原來如此，我想這應該是他為了避免把錯誤的人多數念法當成正確念法、自己想出來的對策。之後，我也仿效他，儘量在所有的漢字上都標上讀音。

或許有時我們會因為記下了錯誤的讀音，而一直用錯誤的方式讀某個漢字，因此必須仔仔細細、謹慎地進行確認才行。絕對不可以有「只不過是讀錯一兩個字而已」、「念錯了人名，只要事後道歉不就好了嗎？」的心態。

在人前說話也是一樣。原本就已經緊張得不得了，萬一又發現自己念錯了專有名詞

的讀音，一定會體溫上升，開始直冒汗，就算出現呼吸困難的狀況，也不足為奇。而可想而知，愈是焦急，表現就愈是慘不忍睹。

我從以前就經常
聽新郎提到幸子……
幸子是誰！？
妳誤會ㄌ……

■念錯名字不僅非常失禮，也是造成問題的根源。

10 把事前的彩排，當成正式上場

假設主題決定了、該查的資料也都查清楚了；思考過講稿內容的順序，也確定應該能在限制的時間內講完。到了這個階段，或許還是有些人會感到不安。現在開始，就是準備工作的最後一個階段。這時我們可以實際練習一次，也就是進行「彩排」。

在傳媒界，彩排可說是固定行程。除非是時間真的太趕，或是有信心到即使不進行彩排也無所謂的狀況，否則幾乎都會進行彩排，這當然和大家都很緊張有關。

把緊張和出錯的額度用在彩排上

不只是播報員，包括導播、攝影師、音控人員、燈光師等，每一個人的工作，都必須藉由彩排來確認是否確實準備好了。

充滿幹勁地進行彩排，可以降低失敗的風險，緩和緊張，並且增加自信。而如果有任何問題，也會在彩排中出現，這時我們便可以在正式播出之前進行調整。

有時候，並不是每一次彩排，都能完全和正式上場一樣，在屆時要說話的場所、拿著麥克風、一邊計算時間一邊進行彩排。不過，我們隨時隨地都可以練習要說的內容。

彩排的時候，先想像自己的面前有很多聽眾，並且計時。一開始一定會無法在限制的時間內講完，或是在某些地方吃螺絲。這時，就要重新計時，同時注意剛剛犯錯的地方，再次進行彩排。

有時候，總算念對了句子或重要名詞，但總覺得說的不順，或是出現超時等問題。但是相對的，只要能將這些問題一一克服，就能增加自信心。

我在現場連線之前，也會在家裡一邊想像在現場的自己，一邊喃喃自語地練習。直到現在，每次在人前說話之前，我也會這樣練習。日前我對學員提到這件事情時，學員驚訝的反問：「咦？老師也會練習嗎？」

這是當然！相反地，要是沒先練習過，我就會擔心得不得了。不過，也不能練習過頭，反而把講稿全部背起來，徒增現場忘詞而緊張的危險。

11 錄影練習，自己是第一個觀眾

最近除了錄音筆、攝影機之外，手機也有錄音的功能，隨時隨地輕鬆地錄音或錄影。各位是否曾經把自己講話的聲音錄下來，或是把自己的樣子錄影下來呢？

對播報員來說，錄音和錄影就是工作，因此就像家常便飯一樣，不過我想大多數的讀者應該沒有這種經驗。

錄下彩排，從第三者角度修正

我建議各位，把自己講話的狀況錄音或錄影下來，這也是說話練習的一環，如此才能客觀地聽與看自己的聲音和說話方式。聽過錄音後，相信很多人都會覺得「我的聲音原來是這樣啊？」

其實，我以前也很討厭聽自己的聲音。不過，在持續進行發聲、發音練習之後，就漸漸不那麼討厭自己的聲音了，或許應該說，漸漸習慣了也說不定。

此外，透過客觀地聆聽自己的聲音，也可以發現自己說話時的各種壞習慣。例如明明想要講慢一點，但實際上卻講得太快，讓人聽不清楚；或是句尾拉得太長，聽起來沒有氣質；又或者是一句話加上太多語助詞，講得太長了等。明白自己說話的弱點後，就知道應該改善的地方，接下來只要一一克服即可。

錄影也是一樣，不過在觀看自己說話的影片時，有一點必須特別注意：不要只拘泥於眼睛所見的東西，也就是「外表」。看見畫面裡的自己時，相信每個人都免不了會感到難為情：髮型整不整齊、領帶有沒有歪掉、身上穿的衣服要是更好一點就好了、視線飄乎不定、姿勢不端正……我們會忍不住只看到這些問題。這樣一來，便很難確認自己說話的內容。

當然，由於是要站在人前說話，因此上述項目也都很重要。不過更重要的，應該是先確認說話的內容和方式。我的建議是，一開始不要錄影，先從錄音開始，等到對自己說話的內容和方式都具有某種程度的自信後，再開始錄影。

就算臨時要在人前說話，這樣準備就沒問題！
── 基礎篇 ──

★「準備」，就是配合說話的場合，準備內容適切的講稿，並抱著「把彩排當作比正式上場還要重要」的心態來進行準備。同時，絕對不可以死背講稿，講稿只是個保險，需要記住的只有「內容順序」和「專有名詞」。

- ☐ 澈底尋找和主題有關的資料
- ☐ 思考時間該如何分配
- ☐ 具體地想像正式上場的情景
- ☐ 錄下自己的聲音

第 2 章

隨口說都有「記憶點」，話題聚焦11招

12 隨時準備「備用」話題

正如我在前一章所說明的，就算做好了充分的準備再上場，仍有可能遇到突發狀況。例如不小心弄丟了準備好的講稿，導致演講比預定時間還要早結束；相反地，也可能會不得不提早結束演講。

當我們遇到這種狀況時，一定會很著急：體溫一口氣升高、緊張感也逐漸增強。正因為是在這種時候，我們才更必須冷靜下來，然而就算一直對自己說「冷靜！冷靜！」身體也還是不聽使喚。

馬上拿回說話主導權的「話題保險」

為了克服這種狀況，最重要的就是多準備一些「備用話題」。我們應該多預備幾個能應付各種場面的話題，提前準備遇到突發狀況時可以利用的「話題保險」。

累積備用的話題，雖然沒辦法與已經有豐富人生閱歷的講者相提並論，但是只要在日常生活中提高感官敏銳度，那麼任誰都可以增加自己的備用話題。各位在搭乘電車通勤、上學時，是否總是戴著耳機當低頭族呢？試著抬起頭，用心感受不同季節的花朵與食物、路上行人的服裝打扮、看見了小鳥或動物等風景。

走在路上的時候，留意自己看見了什麼、有什麼感受。同樣地，今天的天氣如何？氣溫比往年高還是低？風中帶有涼意或澳熱……，也都能成為很好的話題。**只要比平常多用點心感受周遭的環境，用自己的雙眼去看、去聽、去感受，累積自己的想法，便能讓備用話題的選項更加豐富多元。**

此外，你的感受，也可能是其他人的感受，因此也可以成為引起共鳴的話題。和同事之間的閒聊也一樣，例如，當同事和你分享搭車時看到的風景：

「今天早上我在搭電車的時候，看見繡球花盛開了。〇〇那一帶，每年都開得很美對不對？」

你可以這樣回答：「真的嗎？〇〇那一帶我不熟耶，聽你這麼一說，最近可以找時間去看看。」或是「我知道我知道！真的很美！」

如此一來，對話就會變得更豐富。接下來，話題也許還會延伸到「哪裡的繡球花比較漂亮」，或是「要如何栽培繡球花」等。若是在商場上進入正題討論之前與客戶閒聊，不但可以得到共同的話題，也能更順暢地切入正題。

在人前說話時也相同，在開始說話前，如果想表現出讓人印象深刻的問候，或是時間沒有掌控好，離終場結束還有幾分鐘時，平時若有留意四周環境，準備好備用的話題，這時都可以派上用場。

不過必須留意一點，備用的話題得和主題相關，或是先把「哏」說出來，避免讓聽眾感到錯愕：「為什麼突然講起這件事？」

為了多蒐集一些備用話題，我總是特別留心身邊發生的事情。在上班途中有沒有什麼新發現？假日出門旅遊時，有什麼感受？看過的電影或是朋友一起吃飯的餐廳，我儘量對任何東西都抱持著興趣。平常就先蒐集備用話題，在面對突如其來的狀況時，會非常有幫助。

備用話題化解空白的尷尬，恢復冷靜

我任職於松山支局時，在某個傍晚的節目中，準備進入節目結束前的最後一個單元，我突然發現好像有什麼地方和平常不一樣，總覺得時間似乎比平常早……原來，節目竟跳過了一個為時七分鐘的固定單元。

我不知道為什麼會發生這樣的事，但現在也不是探究原因的時候；在這七分鐘之內，主播必須做些什麼才行。

當時正在播放的VTR已經快要播完了，而導播似乎也發現了時間計算錯誤的事，透過耳機，用焦急的語氣對我說：「對不起。時間有誤，請想辦法撐七分鐘。絕對不能直接進入下一個單元……」

當時我的腦中浮現「得在接下來的七分鐘之內做些什麼才行」，陷入了極度的慌張，心跳瞬間變得非常激烈，就在我心裡想著「完蛋了！該怎麼辦？」的時候，VTR也快要播完了。

我根本沒有時間和搭檔的女主播商量，只對她說了一句：「我們就用閒聊來撐完這七分鐘吧！」這時VTR正好播放完畢，鏡頭回到了我們兩人身上。

一開始，我們針對前一個單元做出「總結」，也就是說一些感想來拖時間。總覺得我們兩人已經說了好久，但一看時鐘，才只經過兩分鐘，於是我重新整理好自己的情緒，對觀眾說：

「看來因為我們的疏失，把時間算錯了。現在還有一些時間，就請各位陪我們聊一聊吧！」

當時我的想法是，與其笨拙地試圖補救，還不如誠實面對觀眾比較好。當時我用的話題，是那天早上上班途中，看見松山城的護城河堤上的鴨子和未來一週的天氣概況。雖然這和前一段影片完全無關，但與其試著遮掩錯誤，只要誠懇地說明，相信觀眾們一定能體諒。

因為有了備用的話題，不至於在觀眾前張口結舌的出糗，我感到鎮定又自信，在態度上也變得更從容了一些，因此得以不慌不忙地談了一段話。之後，我們總算湊足了時間，一如往常地迎接尾聲，順利地將節目播完。

現在回頭想想，當時我只是拚命地想完成這個任務，心情早已超越了緊張。或許是因為我一心想著「該怎麼把這七分鐘填滿」，而根本無暇緊張。

我們不知道什麼時候、在哪裡會發生什麼事，所以從平時就努力就要累積自己的備用話題才是上策。另外，若是平時就張開感官觸角、蒐集資訊，累積所見所聞，除了在人前可以有自信的說話之外，對於自己的人脈和工作也會有幫助。

當我們偶然和客戶獨處，必須找閒聊的話題時，或是無論如何都必須串場的時候，就算是突發狀況，也能四平八穩地應對。

經常被誇讚「講話很有趣」的人，通常見聞都很豐富。除了自己所見、所聞、所感的事情之外，還知道各種領域的常識，無論說什麼，都能吸引聽眾。就算無法精通所有領域，只談自己擅長領域的話題也無妨，從日常生活中尋找題材，「備用話題」總會在意想不到的時候派上用場。

13 轉個彎帶出話題主角，同樣吸引人

在任職於大分支局時，我曾在高崎山進行現場連線，那是一個以猴子眾多而聞名的地方。當時正值猴子的出生季節，因此我們想要透過現場連線，讓觀眾們看看可愛的猴子寶寶。連線的時間配合九州．是沖繩的早上七點二十分左右。

現場連線介紹猴子寶寶，主角卻遲遲不現身

據說當地的猴子通常都會在八點過後，從山中來到我們連線的現場，但不知是因為時間太早，還是因為天候不佳，眼看著已經七點多了，我們卻連一隻猴子都沒看見。

事前討論與現場連線的準備都已經完成，但眼看著連線時間逐漸逼近，猴子卻還是沒出現……直到連線前十分鐘，四周還是沒有猴子的蹤影。除了我之外，導播、攝影師以及其他工作人員們，也都開始著急了起來。

山林管理員很冷靜地表示：「只要我喊一下，牠們就會從山裡下來了。」接著便朝

著山上「吼——吼——」地喊著。

由於到了連線前五分鐘，仍然沒有猴子出現，於是焦急的我們，決定向辦公室借來幾張前年拍攝的猴子寶寶照片，並準備平常餵食猴子用的飼料。

就這樣，現場連線的時間來臨了，位在福岡的播報員說：「那麼，現在就由播報員石川帶我們到正值猴子出生季節的大分縣高崎山。」

我趕緊在攝影機前握住麥克風，首先問候觀眾，又談了一下天氣話題，接著說：「現在這裡正是猴子寶寶出生的季節。也就是這裡！」我對攝影師做出指示，接著又繼續說道：「然而，這裡……卻連一隻猴子也沒有。」

我接著說：「本來每天這個時間，猴子都會從山上下來，但是今天卻連一隻都沒看見。而管理員A先生正在那裡替我們呼喚猴子。」

換個角度切入主題，也能達到相同效果

我身後的管理員，還是一樣朝著山上發出「吼——吼——」的聲音呼喚著猴子。於是我對管理員說：「謝謝您。您從剛才就一直努力地喊著，但今天很遺憾，似乎沒辦法

讓觀眾看到可愛的猴寶寶。」接著，我開始訪問管理員，並和他一起介紹猴子寶寶的照片。

原本所謂的現場連線，是要為觀眾轉播只有在那一天、那個時間點、那個地方才看得見的事物才對。

然而，今天最重要的主角卻不在現場。但站在電視台的立場，也不能說「如果沒看見猴子，那就不要連線了」。現場連線是「活的」，屆時會發生什麼事，誰都不知道。我們只能在最短的時間內，思考現在手邊有什麼、能做些什麼，儘量應付眼前的狀況。

沒能讓觀眾們看見可愛的猴子寶寶，雖然很歉疚，不過這似乎也成為了其他九州・沖繩播報員的惡夢。據說當時的VTR，還被當作日後研習的教材，讓播報員們思考「如果是你的話，你會怎麼做？」

當面臨突發狀況時，不要試圖隱藏或彌補，而是坦白地說出來，有時不論是對聽眾或對你自己，都是一件好事。

14 一次專注一個主題，不要貪心

增加話題，隨時運用五感蒐集四周的資訊，為突發狀況儲存「備用話題」，是非常重要的概念。

不過，接下來的這番話聽起來或許完全相反：就算心裡有很多想表達的內容，在對人說話的時候，「聚焦在一個重點上」，才是最重要的關鍵。

無論是電影、連續劇或小說，如果有個明確的重心，清楚傳達作者想表達的意思，才會比較吸引人，這是為什麼呢？

與其什麼都講，不如只提精華

因為作者想傳達的主題只有「一個」，你的談話主題是什麼？只要明確地定出一個焦點，內容就不會偏向其他的地方了。

我在上課的時候，經常以「這一週發生的事」為題目，請學員們練習說話。一開始，我刻意不提「主題只能有一個」這件事；於是，有許多學員洋洋灑灑地說了許多件這週內發生的事情。

這些事情聽起來當然很有趣，不過對聽眾來說，聽了這麼多事情，有時會搞不清楚講者最想表達的到底是什麼。例如，某位學員的分享是這樣的：

前幾天，我和幾位好久不見的高中同學碰面。這是我們上了大學後，數月以來第一次聚會，因此非常開心。我們先一起用餐，互相聊起自己現在的生活。雖然每個人都走上了不同的路，但高中時代的回憶，卻讓我們聊得非常盡興。接著我們一起去唱歌，唱完歌之後，由於已經過了末班車的時間，因此我們就在便利商店買了煙火，到附近的公園放。結果被附近的居民臭罵一頓。彷彿回到了高中時代，非常快樂。

各位覺得如何？說話的當事者雖然一邊回想、一邊愉快地訴說，但是身為聽眾的其他學員，卻只有「這樣啊——」的感覺。因為這位學員只不過是在說當天的流水帳罷了。

「聚焦」技巧，一開口就打動所有人

的確，他說出了見到許久不見的朋友時的喜悅，但同時，我也覺得他放進了過多的元素；**既然要說，就應該讓聽的人也感受到當時的快樂氣氛。**在場的人應該也都有類似的經驗，只要能讓大家回想起當時的心情，必定就能獲得共鳴。

這時我們可以採取的方法之一，就是「聚焦在一個重點上」。整段話的大主題是「和高中同學碰面」，從這個主題開始，慢慢地聚焦在某個重點上，就是成功的關鍵。

即使準備了很多備用話題想和大家分享，但這時要懂得取捨，只要說出一個就好。對於說話者來說，也許會感到有點不足，但對於聽眾來說，卻能有滿滿的收穫。擅於說話的人們並非總是滔滔不絕、話題廣泛，鼓起勇氣，捨棄其他想說的內容，只取一個重點聚焦，這才是一開口就打動人心的祕訣。

15 加入「畫面」說明，讓敘述變立體

以上述的內容為例，到底要說吃飯的過程，還是去唱歌的情況，或者是去公園放煙火的事呢？有好幾個候選話題。

針對這些話題，思考哪一個才是自己最想說的、最重要的、印象最深刻的，或是最開心的，再決定最想說的主題。

加入具體說明，引起聽眾共鳴

下一步就是充實內容，而重點在於要「具體地敘述」。假設要我以「和朋友一起放煙火」為題說一段話，我會這樣說給大家聽：

前幾天，我和幾位好久不見的高中同學碰面。這是我們上了大學後數個月以來第一次聚會，因此非常開心。我們一起吃飯、唱歌，而最開心的就是半夜去放煙

火。我們在高中母校附近的公園放煙火，但當時已經很晚了。起初只是玩玩仙女棒，後來情緒愈來愈嗨，竟然開始放起了高空煙火。結果附近的居民被吵醒，臭罵我們「你們以為現在幾點了啊！」我的朋友們都逃走了，只剩我因為跑得太慢，只好對居民鞠躬道歉。雖然玩得很開心，但是也吃足了苦頭（笑）。

先不管聽眾是會同情我，還是認為大半夜在公園放煙火實在是太沒常識了，但相信我和朋友們放煙火玩得很盡興這件事，已經確實地傳達給聽眾了。只要在敘述中加入更具體的內容，便能讓聽眾更容易想像畫面和說話者的心境。

在最後加入自己的想法，讓大家還想再聽

在一段演說的最後，如果能加入自己的感受，那麼這段話就會更完美。以上述的內容為例，就是「跑得太慢，讓我有什麼感覺？」更進一步來說，以這個感覺為基礎，未來我想要怎麼做？還會在半夜放煙火嗎？還是下次想要放更大的煙火？……

能讓聽眾產生共鳴，就是最棒的內容。自己的感受，就是起承轉結當中的「結」，

當它確實發揮效用時，不但能夠讓聽眾對你留下深刻的印象，也可以讓你所說的故事漂亮收尾。

■聚焦在一個主題，吸引聽眾投入情緒。

16 用「倒述法」，直接抓住聽眾注意力

聚焦在一個主題後，接下來就從「結論」開始說。我就讀小學的女兒，有一天回家後想分享在學校的一段趣事，但因為她的敘述方式，讓我抓不到她的重點：

今天上課的時候，發生了一件很好玩的事喔！A同學突然開始……於是大家都笑了，一笑就停不下來。一開始老師也在笑，可是因為全班實在太吵鬧，所以最後老師生氣了。

讓聽眾的反應幫你持續熱場

你會怎麼回應呢？我想不外乎是「上課的時候不可以這麼吵」或「老師是怎樣生氣？」聽眾的回應，也就是提出的第一個問題，會大大左右接下來的對話。

女兒想告訴我的，到底是「在上課時吵鬧」，還是「A同學做了什麼事」，還是「大家都笑成一團」呢？我不知道她的重點是什麼。

關鍵在於，她沒有把「最想說的事」先說出來。如果她從上述的幾點之中挑出一點開始講，相信每段話的內容也會有所不同。因此，在人前說話的時候，為了強調重點，更是應該儘量從「結局」開始說。如果剛剛女兒分享給我的學校趣事，從「結局」開始說的話……

女兒：「今天啊，我在班上被老師罵了。」
媽媽：「為什麼？」
女兒：「因為在第X節課的時候，我跟大家一起吵鬧……」
媽媽：「這樣啊……妳們是怎樣吵鬧的呢？」

女兒先從「被老師罵」的結果開始說起，而聽眾（媽媽）因為想知道「到底是為什麼呢」，因此問了「為什麼」之後，說話的人（女兒）就可以繼續敘述當時的狀況、被罵了之後有什麼感覺……。相信各位可以從這段對話當中明確地了解，女兒最想說的重點就是「被老師罵」。

17 用短句，從頭到尾集中聽眾注意力

現在決定了哪個話題當作主打，也準備從結論開始說，接下來的重點，就是要把每句話縮短，再將短句串連起來。

在說話課的學員們，最大的缺點就是「一句話拉得太長」。我舉一個在課堂上請學員介紹自己興趣時的例子：

我的興趣是唱歌，說到喜歡什麼樣的歌曲，其實從流行歌曲到演歌都很喜歡，而最近特別著迷的就是演歌；為什麼最喜歡演歌，因為我覺得它展現出了人生的寂寥悲悽，雖然我還很年輕，但是我會試著去理解，這樣也能讓我有所學習……

講了一大串，實在不容易理解。如果寫成文字，用閱讀的或許還比較容易看懂，但是單用聽的，真的很難一聽就懂。

長話短說，最有吸引力

其實，只要儘量把「每句話縮短」，說話的內容就能變得非常清楚易懂了。剛剛的興趣介紹，如果改成「短句+短句」，給人的印象就會截然不同：

我的興趣是唱歌，什麼歌都喜歡，但最近對演歌特別著迷。這是因為，我認為演歌展現出了人生的寂寥悲悽。對像我這種人生經驗尚淺的人來說，也可以成為一種學習。

一句話愈長，聽眾就必須花愈多時間去理解。如果因為句子太長，聽到一半時還必須思考句子的意思，同時，講者還會繼續講下去。這麼一來，聽眾就會覺得「他到底在講什麼，我根本聽不懂」了。

人一旦緊張，講話就容易不由自主地變快，變得更難懂，因此要特別注意「句子的長短」。

18 把經歷「故事化」，打動所有人

目前為止告訴各位如何在人前有自信地說話，以及一開口就能吸引人的說話方式，其實，這對於找工作也有很大的幫助。無論是直接到心儀企業的網站上填寫履歷，或是在人力銀行編寫履歷，都有必須填寫固定格式：「學經歷」和「自傳」。

你的個人年代表，不等於自我介紹

以「學經歷」為例，有好幾個主題可以發揮。不過，正如我一再強調的，最重要的是聚焦在一個主題上。若是剛出社會，正要找第一份工作的新鮮人，可能有社團、工讀、志工活動……經驗；而若是已經出社會幾年、想要轉換跑道的上班族，則可能有業務、行政……，和上一份工作有關的實務資歷。

但在學經歷這個部分，並不是要將這些經歷一件件條列出來，在挑選打動人心的主題時，應該聚焦在自己花費最多心力的一項。

決定了主題之後，再加入實際的內容，要寫得具體些。對於什麼事情、花了多少心力去參與、從中學到了什麼……這些重點才是人事單位想要知道的。

通過書面審查與面試之前，在報名階段就有許多求職者會被篩選掉，各位應該可以理解，**其實無論履歷或面試，都和「在人前說話」沒有兩樣，都是表現自己、吸引人想繼續聽（看下去）的機會，需要好好做準備。**

另外，已經有三、五年工作經驗的上班族在轉換跑道時，務必要了解：比起初出社會的菜鳥，徵才公司一定會用更嚴格的眼光來檢視你。

之前做了哪些工作、在這些工作中學到了什麼、為什麼想要轉職、轉職之後能對新公司做出什麼貢獻……正因為你比應屆畢業生多了一些經驗，因此徵才公司勢必會問到你在這段時間累積的經驗和能力。

能力高低口說無憑，舉出實例讓人信服

最重要的，就是具體說出如何將過去所學所長，應用並為新的公司貢獻。如果你是面試官，當求職者說了以下這段話，你會有什麼感覺？

我在之前的公司擔任業務員，業績一直保持在前三名。因此我認為我也能對貴公司有所貢獻。

成績前三名，應該是很優秀沒錯，但在這段話裡，我們只知道他擔任過業務。最好的敘述方式，就是具體地說出取得優秀業績時發生的小插曲。假設你曾有一筆生意，花了一番苦心才成交，這時便可以從各種角度回顧這次商談的經過：

具體來說，當時遇到了什麼樣的困難或問題？而你又用什麼方法才解決？此外，為了簽下這份契約，你是如何與客戶溝通？和前一年相比，你的個人業績成長了多少？

我相信，這些具體的過程、當時你所採取的處理方式和面對困難的態度，才是該企業的人事單位想要了解的。

只要用自己的話，把這些內容穿插著自己的想法說出來，不但能讓「我是一名能對貴公司有貢獻的優秀業務員」這件事變得更具體、更具說服力，對方也能夠看見你的特色和能力。

19 避免長篇大論，用「小孩子也懂」的簡單詞句

或許你也曾有在婚禮上致詞的經驗，或是曾經在出席婚禮時，聽過讓人直想打哈欠的無聊致詞。以下是一位新郎公司的主管在婚禮上的致詞：

各位來賓、親朋好友，大家好。我是和新郎A在同一個部門工作的石川。呃——A非常優秀，我們部門，不，敝公司可以說不能沒有他。

聽到他和新娘B小姐要結婚的消息，感到相當驚訝。B小姐是在敝公司另一個部門的員工，她在公司的地位彷彿偶像一般，A不知何時和美麗的B小姐進展得這麼快，相信一定有許多男性感到不甘心吧！

我和A在一個多月前一起完成了一個專案，我們一起付出了許多心力。這個專案的企畫案是在一年多前就有了……

東拉西扯，聽眾抓不到內容

假設接下來，致詞者應該會繼續說明他們是如何進行該專案、新郎的表現有多麼優秀……各位是不是也聽過類似的致詞或演講呢？

一開始，台下的聽眾或許會覺得，那是為了要帶出專案這個話題的前言，但聽著聽著好像又不是這麼回事。聽著這段致詞，台下的人忍不住都要開始焦躁起來。

主管到底是想要抱怨兩人交往保密到家、連他這個上司都是到現在才知道兩人要結婚？還是要告訴我們新郎、新娘認識的經過？又或者是，想透過專案的話題來自我吹捧？又或是想透過專案的話題，來誇讚新郎在工作上表現很優秀？從剛剛的致詞中，聽眾完全無法得知致詞者到底想表達什麼。

倘若說話的內容太過空泛，聽眾會有種「不知道會被帶到哪裡去」的不安感，並且感到焦躁。假設我們上了一輛車，但是卻沒有被告知目的地，一定會感到很不安吧？相同的道理，不管演講的主題再怎麼好，若是內容空泛，不管用了多少華麗的詞藻，都無法傳達給聽眾。

沒有聚焦在單一重點、讓聽眾摸不清主旨、從頭到尾都用相同的音頻長篇大論，或是頻繁地使用一般人無法理解的艱澀專業用語……發言無趣的人，這些共通的特徵都是演講無聊的人共通的特徵。必須注意的是，我們要用任何人都能聽懂的用語說話。

我剛當上主播時，得自己撰寫講稿或報導的結論，我的主管和前輩最常對我說的就是：「用小學生都懂的詞撰寫。」尤其是必須用到專業用語時，更是必須好好地說明該詞彙的意義。

■ 毫無重點的長篇大論，就算只講五分鐘也感覺好久。

開門見山說出結論，立刻抓住台下注意力

應邀在婚宴上致詞時，該如何讓全場賓客聽得盡興，而不是你一開口，台下的人就心想「到底說完沒」？其實，只要「從結論開始說」就好：

承蒙主持人的介紹，我是和新郎A在同一個部門工作的石川。A先生、B小姐，恭喜你們結婚了。

A是一位非常優秀的員工，敝公司可以說不能沒有他。像是之前，他在某個專案上，表現非常出色，原因是……

直接以新郎在工作上的表現為開頭，接下來，只要具體地說明這個專案的內容、新郎在專案中扮演什麼樣的角色、發揮了多麼優秀的能力、而身為主管的自己對他又有什麼樣的評價……，就會是一段出色的致詞了。

一開始就直接說出「我今天想談談有關A的工作表現」，並加上前一段所說的具體描述，不只前來參加婚宴的公司同事，新郎的其他親友，也會很想知道他在職場上有什

麼樣的表現。

有一次，我擔任某一場結婚典禮的主持人，雙方的貴賓在致詞時，竟然開始對自己的公司自吹自擂起來，講了將近兩個小時，才進行接下來的敬酒流程。除了身為主角的新郎新娘之外，在場的所有賓客也都累壞了。越短的致詞，越受人歡迎，如果還能一開口就講到重點，那就是一段令人印象深刻的致詞了。

20 時間有限時，先想想「大家最想聽什麼」

在一般的對話當中，應該不會一開口就突然切入正題，通常都是先彼此問候，輕鬆地閒聊一下後才會進入主題，「那麼，今天主要是想談談……」。當然，在與人談生意或討論接下來的計畫時，進入正題前先短暫問候、閒聊幾句，才是正常的狀況。

然而，若是在時間有限，或是在許多人面前進行採訪的狀況下，完全沒有時間互相簡短的問候。在採訪的時候，應該直接從最想問的問題，也就是從「結果」單刀直入地提問比較好。

三分鐘內，問出最具體的好答案

電視上的訪談節目或單元，由於時間有限，因此假如不從「觀眾最想知道的問題」提問，就無法在時限內訪問完畢。因此，我們必須事前抓出重點，決定採訪的主題。

例如，在選舉開票完後，記者在當選人的辦公室現場連線採訪，在這種情況下，時間真的非常有限。由於分布於各地的候選人逐一確定當選，每一家電視台必須輪流現場連線採訪，因此不一定能在最好的時間點進行採訪；而就算採訪到了，也不可能將整段採訪從頭到尾播出。所以，在採訪之前，必須決定一個最想問的問題。

如果一開口就說：「接下來我們要採訪確定當選的A先生。A先生，恭喜您當選！」那麼A先生一定會回答：「謝謝！感謝各位的支持，我才能當選！我想大家能認同我提出的政見，是當選的主因。」

這個現場的連線時間或許只有一分鐘、甚至三十秒，這麼一來，根本沒有機會問出真正想問的問題，畫面就轉到其他連線現場去了。為了避免這種狀況發生，我們必須一開始就提出「（選民）最想問的問題」。

選民們想聽的，並不是當選者的謝詞，而是他既然當選了，那麼身為一名政治家，他打算具體地做些什麼，讓這個國家變得更好呢？

接下來，我們要採訪確定當選的A先生。A先生，您這次提出了○○的政見，為了實現這個政見，您打算從什麼地方開始做？

聽到這樣的問題，受訪者應該會誠懇並具體的回答，而相信電視前的觀眾們也會很感興趣地想：「對呀對呀，他打算怎麼做呢？透過他的努力，我們的國家是不是真的會有所改變呢？」

這種「從最想問的問題開始問」的做法，正是「在人前說話時，從『結果』開始說」的應用話術。

我有時會在演講之後接受學員提問，而我總是會認真地聆聽學員們到底想要問什麼。

只要注意不要偏離主題太遠，簡潔地回答問題就可以了。順帶一提，在接受訪問時，假使不明白問題的意義，或是不知道該問題的答案，那麼清楚地表示「我不知道」，也是一種勇氣。

■ 聽不懂對方的意思時，就老實說「不知道」，絕不要自行揣測。

21 學小孩子的「短句」表達力

和小學低年級的孩子對話過的讀者就能明白，小孩子的每一句話都很簡短，而且，和孩子的對話比較難持續。這是因為孩子們的單字比較少，因此很難具體地傳達意思。

小孩：「我今天在學校玩捉迷藏唷。」
大人：「喔！你跟誰一起玩呢？」
小孩：「跟A和B和C。」
大人：「你們是在什麼時候玩的呢？」
小孩：「午休的時候。」
大人：「好玩嗎？」
小孩：「超好玩的。」

資訊量少、內容具體

這是一個非常極端的例子。與其說每句話都很短，倒不如說只用單字回答，因此很容易理解。

但是這種的例子叫做一問一答，提問的人會不知道接下來再問什麼好，也無法構成一段對話，因為孩子不會主動提出問題。與其說一來一往，不如說是單方面的抛出問題，得到單一的回應而已。

雖然不算對話，不過我想分享一段我就讀小學低年級的女兒所寫的日記，這是她交給學校的作業。

> 我今天和家人一起去吃飯。我吃了漢堡排。姊姊吃了義大利麵。漢堡排上有起司。起司好軟，很好吃。我全部都吃光光了。我還想再和大家一起去。

各位可以發現，只要把每一句話都縮短，文章就會變得非常簡單明瞭。我們可以替這種基本的文章訂下一個最想傳達的主題，再加入符合成年人的文句與詞彙。

愈是想要具體地表達，文章裡的資訊量就會變得愈多。關鍵就在於如何整理這些資訊，用簡短的句子連接起來。

> 我想聊聊今天和家人一起去用餐的漢堡排餐廳。這是一間位在○○的餐廳，據說有名到每次都要排隊呢！這間店裡的漢堡排共有○種之多。我最推薦的，就是簡單的漢堡排套餐了。我點了這個套餐，內人也一樣。我的小女兒點的是起司漢堡排，而不知為何，大女兒則點了義大利麵。來漢堡排餐廳，居然點義大利麵。對了，說到這裡的漢堡排為什麼這麼好吃……

以上是我想介紹這家和家人一起前往的美味漢堡排店，而焦點放在那裡的漢堡排為什麼美味。各位可以看出來，我只是借用女兒的日記，多加了一些資訊進去而已。我是儘量用短文組織文章，接下來再敘述好吃的理由，以及實際吃完後的感想時，則不要只停留在「好軟」，而應該具體地敘述出來。

現在我已經介紹了「**主題只要一個**」、「**從結果開始說**」和「**用短文撰寫**」等三個重點。就算頭腦理解了，要是沒有積極地練習，也很難真正學會。「在人前說話就會緊張」以及「不習慣長時間說話」的讀者們，在開口前務必將這三個技巧牢記在心。

22 手勢不用多，強調重點就好

相信各位在看政治家或名人在演講、簡報的時候，應該會注意到他們的手勢都很誇張。我們也可以看到某些書裡介紹手要怎麼張開、擺在什麼位置才有效果。尤其是歐美國家的人，手勢又多又誇張，看起來簡直像是在演舞台劇。

據說有些人還會把前首相小泉純一郎、美國蘋果電腦創辦人史蒂夫・賈伯斯等「擅長利用手勢的人」當作模範，練習在演說時該如何比劃手勢。

或許有些人認為，想要做出一場好的簡報，就一定要使用手勢，但是我認為不需要如此強調「手勢的重要」。

比起手勢，更重要的是內容，也就是在演說中「傳達了什麼」。無論是簡報、演講或面試，倘若花太多心思去注意手勢，就會疏忽了最重要的內容，或是一直想著「我一定要記得在這個時候指一下」，反而增加緊張的程度。

當然，假如能夠有效地使用手勢，我們的想法當然會更容易傳達給聽眾。接下來，以「傳達內容」為前提，我向大家介紹幾個使用手勢的時機與訣竅。

聚焦眾人目光在「重要資料」上

在準備簡報時，最容易出現的問題之一，就是花費太多心力在「製作資料」上。我可以理解各位「因為是費盡苦心整理的資料，所以不想糟蹋它」的心情。但是實際上，很多人都只是講解投影片上已經有的資料，就直接跳到下一張去了。

既然是自己努力製作的資料，哪裡才是重點、哪裡才是最希望聽眾了解的部分，自己應該是最清楚的。為了讓聽眾對我們「最想傳達的部分」留下深刻的印象，用手「指」出來最具效果。

最近也有些人喜歡用雷射筆來指示，不過用雷射筆或用手都沒有關係，直接用手指會顯得較人性化。另外，在使用投影機時，要注意別讓自己的身體擋住投影，反而會在布幕上形成陰影。

當我們一邊指著想要強調的地方，一邊說：「關鍵就在這裡——主打商品的特點！

而特點的說明，請各位看下一張資料。」這時候，聽眾們自然會注意到你的手。

「用手指出某個事物」，在日常生活中也相當常見：我伸出手，一邊指著東西，一邊對內人說：「那邊那個，就是那個，拿給我！」但內人卻回答：「哪個？要拿哪個？」這個狀況，想必各位也遇過。

最後我只好自己走過去，一邊說「這罐鹽啦！」一邊拿起鹽罐，內人還會念我一頓：「那你一開始就說是要鹽罐不就好了？」

也有可能出現另一個狀況：聽到我說「把那個拿給我」後，內人可能會一邊問道：「哪個？這個？還是這個？」一邊指著醬油或胡椒罐反問我。沒錯，在這種狀況下，只要說出「鹽」這個專有名詞，內人就應該立刻明白，我是要鹽罐。

那麼，如果我們一邊指出專有名詞或是資料上的單字，一邊念出來：「請看這裡！這裡寫著『就算浸在水裡也絕對不會壞』（用手指著文字），這就是關鍵所在！那麼，為什麼不會壞呢？關於這一點，我會在下一張資料說明。」

在這段範例中，光是前半段就確實地吸引了聽眾的注意力，接下來只要用自己的話，好好地說明這項產品的優點即可。

「反正我已經寫出來了，聽眾應該了解吧？」萬萬不可有這種理所當然的心態。即使已經寫出來了，也要一邊指著關鍵字，一邊說出來，這樣才能讓觀眾了解「重點」在哪，加深大家的印象。

太多刻意的動作，反而分散聽眾注意力

而在人前說話時，基本上雙手應交叉放在前方；有麥克風的話，則用單手握住麥克風，另一隻手則自然下垂，不可搖晃。若是覺得不自在，可以將手放在背後，或是用雙手握麥克風。

在演講的時候，應該很難始終維持一定的姿勢不動。下意識地做出一些動作是很自然的，不用太過刻意制止自己。不過，如果動作太大或是太頻繁，聽眾的注意力反而會被動作所吸引。

一旦讓聽眾產生「這個人的小動作真的好多……」的想法，他們便很難再把演講的內容聽進去了。容易下意識地做出許多動作的人，要特別留意，並減少頻率。而在說話時不會特別有動作的人，則不需要刻意勉強自己比手畫腳。

這個道理，同樣適用於面試時。一般在面試時，進入面試場地後，必須先問候（說出自己的名字或學校等），等面試官許可後再就座。

這時，男性可以將雙手輕輕握拳，放在雙膝上；女性則可將雙手輕輕交疊，放在大腿上，便是最自然的動作。基本上在接受面試的時候，都保持這樣的姿勢，不過例如被問到自己擅長的領域，有些人就會開始不自覺地做出誇張的動作。

某種程度的誇張手勢是可以被接受的，但是就如同上述的演講，我們必須避免過多的動作，保持自然的態度，充分準備好想表達的內容，才是打動、吸引聽眾的關鍵。

第 3 章

這樣問話，
和誰都能聊不停

23 抓住人心的「故事敘述」三原則

假設有位發明家發明了一個每個人都用得到、非常方便的東西，而我們要採訪他。這時我們最想問的，應該是「請問您為什麼會想要發明這個東西？」或「請問您是怎麼發明的？」這就是「原因」。

接下來想問的，應該是「請問您認為研究和發明的有趣之處在哪裡？」而這就相當於「特色」。而最後的結論，則應該是「請問將來您想要以什麼為目標、發明什麼樣的東西呢？」，這就是「未來」。

人人都想聽的三主題：「原因」、「特色」、「未來」

曾經有記者前輩對我說：「在進行採訪時，只要問到對方『原因』、『特色』和『未來』，這場採訪就會有個雛型了。」

有時或許需要改變問法，或是調整問題的順序，不過在採訪時，只要掌握這三個原則，就能得到足以吸引多數聽眾的答案。如果把場景換成自己身邊的話題，或許就比較容易理解了。

以前述的結婚典禮為例，假設主持人需要引導新郎新娘發言：

「兩位是在什麼契機下相識的？」「被對方的哪一點吸引？」「將來想組成一個什麼樣的家庭？」這樣一來，就依序問出了「原因」、「特色」、「未來」。

我相信，這不但是在場賓客也都想問的問題，更是新人也想對親友們說的話。萬一不知道該問什麼，就將這個基本技巧放在心上，以這三個原則為基礎，再延伸出其他的問題即可。

24 「假裝在聽」，一定會被看穿

接下來要分享的，是一個在新手主播或記者身上常見的問題，而當初的我也曾經犯過這樣的錯。在採訪時，絕對要避免「沒在聽對方說話」。

在採訪之前，我們必須事先做足功課，在對受訪者具有相當程度的了解之後，再開始設想題目。然而，因為經驗不足或是太過緊張等因素，經常會發生「沒在聽對方說話」的情況。更正確地說，其實應該是「假裝在聽對方說話」。

採訪者在丟出準備好的問題後，經常就會鬆了一口氣，同時根本沒在聽對方的回答，而是在思考著下一個問題。有時甚至會一直留意時間，想著下個單元的內容。這樣一來，會讓認真回答的受訪者感到不愉快。

「只是裝個樣子」，一定會被識破

所謂的採訪，就是要打造一個愉快的環境，讓對方舒適地回答問題，並仔細聽對方的回答，再從這裡將對話延伸。

各位是否也有在和朋友或家人說話時，覺得對方彷彿「心不在焉」的經驗？又或者是當你在思考別的事情時，不管別人對你說什麼，也都聽不進去對吧？上述的情況就和這一樣。要是一直想著別的事情，例如時間或下一個問題，當然就不可能專心聽對方說話了。

■有沒有用心傾聽，對方其實都知道。

25 忘掉流程，享受說與聽的內容

這是我在當上播報員後第四年發生的事，當時我負責一個中午時段、從高知現場直播至全國的節目。這個節目連續五天播放，每次二十分鐘，節目內容是和擔任來賓的女歌手一起介紹高知市，而整個節目的流程，則是由身為播報員的我來控制。我和她一邊交談，一邊和當地居民互動。

認真的聆聽，可以緩解緊張

當然，我們要去哪裡、和誰碰面、聊些什麼話題等細節，都早已決定好了。當時來賓隨意而順暢地與當地居民對話，但是我卻滿腦子都在想節目的流程，沒有餘力和她一起開心地聊天，一直思考著我們要去哪裡、要問什麼等，一回神，才發現節目竟然已經結束了。

我只是裝作有在聽而已，但事實上完全沒聽到來賓說了什麼，也沒聽到當地居民說了什麼。

因為節目總共要播出五天，因此每次播放完畢，我們都會召開檢討會。第二天結束後，雖然導播和播報員前輩都給我很多細部的指導和關於改善的意見，但當時我的腦袋仍被隔天的「流程」所占據。

這時，來賓突然斥責我：「你要好好地聽人說話！尤其是在錄影的時候，更要仔細聽當地居民所說的話！」

我感到如遭雷擊。當然，電視機前的觀眾們一定也會認為，「這個播報員根本都沒在聽人講話。」、「他是不是還太生疏，所以一直只注意流程？」。我這才察覺到自己的疏失，以及「聽對方說話」的重要性。

託那位來賓的福，我深刻地反省了一番，於是在接下來的節目中，我都致力於「聆聽」。結果，不安和緊張反而煙消雲散，我也終於能快樂地享受錄影。

本書中稍後也會提到，想要緩和緊張，最重要的就是「享受」。不過，我是透過了解「聽對方說話」這件事的重要性，才學會這個道理的。

26 提出只有對方才能回答的問題

採訪其實分為很多種類型，一大群媒體同時把麥克風朝向政治家或名人，透過錄影、剪輯而整理出的採訪，和以現場直播的方式，用十秒鐘訪問一位來賓的採訪，無論是時間或對象，皆有所不同。

尤其是在現場直播中進行的採訪，即使事前彩排過了，我們也無法預料對方最後到底會說些什麼。正因如此，採訪者才更要謹慎，並且仔細地事先做好功課。

採訪的成功與否，關鍵就在於是否能問出「**只有受訪者本人才知道的事**」。就算問到了任誰都知道的資訊，或是無關緊要的事情，聽到的人也會覺得無趣。

唯有「發自內心」，才能打動人心

以採訪奧運金牌得主為例，「獲得金牌那一瞬間的心情」，就是唯有受訪者本人才知道的事情。接著可以繼續細問受訪者付出了多大的努力、對他來說最大的支柱是什麼，像這些只有「本人」才知道的問題。

受訪者的出生地、年齡、家庭成員、喜好等，都可以由訪問者代為說明，也可以事後再查。

我們想透過採訪問到的，**是只有當事者才能表達出來的心情**。我將它稱之為「真實的聲音」，當一份訊息擁有「真實的聲音」，它的力量就會非常強大。

相對地，自己說話時也一樣。我想各位應該能夠明白，用自己的措辭、用「真實的聲音」將想法傳達出來，是多麼的重要。

在公司裡和主管面談、對客戶簡報自己公司的產品或企畫案，或是找工作時和人資主管的面試，也都相同，若沒有用「真實的聲音」將自己的想法說出來，就無法確實的打動對方。

資深主播教你
絕無冷場的說話祕訣！

── 應用篇 ──

★ 就算有很多想說，也必須先聚焦在一個主題。

首先從「結論」開始，「簡短」地說；最重要的，是配合對方說話的速度和心情，進行對話，懂得「聆聽」，也是打動人的說話要素之一。

- [ ] 準備自己的備用話題
- [ ] 一段演說只有一個主題
- [ ] 最想說（最想讓大家知道）的最先說
- [ ] 使用連「小學生」都懂的簡單措辭！

第 4 章

用聲音和姿勢，展現驚人「感染力」

27 改變呼吸方式，打造動人美聲

我目前在「東京播報員學院」擔任講師，專門指導有志成為播報員的學員。學員入學後，第一個學習的就是「腹式呼吸」。無論是歌手或播報員，**只要是以「說話」為業的人，都必須從精通腹式呼吸開始。**

如果用運動來比喻，腹式呼吸就相當於「增加肌耐力」。雖然「腹式呼吸」在業界是基本功，但一般人聽到這個名詞，或許會覺得很陌生。簡單說，「腹式呼吸」就是「用腹部發出聲音」。

大家應該都有過感冒就醫的經驗，醫生會手拿著聽診器，要你「吸氣——吐氣——」，相信各位在吸氣的時候，肚子應該會凹陷下去；吐氣的時候，肚子則應該會凸起。這叫做「胸式呼吸」，也就是呼吸時，空氣進入胸腔（肺）。

而「腹式呼吸」則正好相反，吸氣的時候讓腹部膨起，吐氣時讓腹部凹陷。這時力量會用在下腹部（橫隔膜）上。

聲音清楚宏亮，才能抓到聽眾注意力

一開始先不用發出聲音，在吐氣的時候，試著「呼——」地吐氣就好。其實我們在躺著的時候，都會自然地用這種狀態呼吸，只是我們沒有意識到而已。只要是仰躺著呼吸，無論任何人都會自然而然地用腹式呼吸。

聽不清楚聲音，對聽眾來說是種壓力。通常聲音大又宏亮的人，周圍的人們聽到後，也會變得有精神，會想要好好聽這個人到底在說

■根據呼吸方式的不同，發聲方法也會改變。

什麼？希望一開口就能讓大家豎起耳朵聽的話，就要學好腹式呼吸。

等學會使用這種方式呼吸之後，便可試著發出「啊——」的聲音，直到沒氣，接著讓肚子慢慢地凹陷。

當然，這時力量會落在下腹部。等到沒有聲音了，就再吸氣。這時，如果能從鼻子吸氣最好，儘量一口氣吸飽，讓從鼻子吸進的空氣瞬間充滿腹部。

接下來不只是單純讓空氣充滿腹部，而更進一步讓腰部周圍感覺也充滿空氣，並持續重複同樣的動作。重複多次之後，你的聲音應該就會比平常說話時還要渾厚。「腹式呼吸」，就是大家口中的「用腹部（丹田）發出聲音」。

28 練習短音發聲，改善「口齒不清」

學會了用腹式呼吸發出「啊——」的長音後，接下來就要練習短音。連續地發出「啊」、「啊」、「啊」的聲音，在發聲時，肚子會凹進去，感覺就像是將肚子縮緊一樣。連續練習幾次後，感覺就像是在做緊縮腹部運動。

等到熟練之後，便可進行常用的拼音發聲練習。一開始先練習「Ｙ」、「一」、「ㄨ」、「ㄟ」、「ㄡ」。這時練習的重點，就是確實地做出每個發音的嘴型，並短促地發音，不要把音拖長，類似「Ｙ！」「一！」「ㄨ！」……這樣。結束後，再繼續練習下一行的發音。若非常確實地進行這樣的發聲練習，等念到最後時，應該就會相當疲累了。

發音不清楚，用麥克風也無法補救

一開始先練習到這裡，等練習幾次，掌握了要領之後，就可以開始嘗試進階版本：

「ㄚㄧㄨㄟㄡㄚㄡ」。「ㄚ！」「ㄧ！」「ㄨ！」「ㄟ！」「ㄡ！」「ㄚ！」「ㄡ！」練習時，每個音都必須確實地張開嘴發音，並在下腹部用力。

接著則是「ㄅ！」「ㄊ！」「ㄋ！」「ㄌ！」「ㄍ！」「ㄎ！」「ㄏ！」，接下來從「ㄐ」之後也是一樣，練習短促有力、確實張嘴發音的練習。到這裡只不過是暖身的步驟之一。在我的課堂上，學員們也都是這樣從發聲練習開始。

這個練習，其實也是一種腹肌練習。最近年輕女性間很流行一種「丹田減肥法」，也就是在不出聲的狀況下，緊縮丹田（下腹部），同時吐氣。說不定利用這個方法練習發聲，還可以達到瘦身的效果。

如果講話的聲音含混不清，讓對方聽不清楚，那麼不管說出多麼棒的內容，也無法好好的傳達出去，即使拿著麥克風也一樣。

29 嘴型，是發音正確的關鍵

熟練了「腹式呼吸」，學會從腹部發聲後，口齒清晰與否，就顯得更重要了。**不管說話的速度快或慢，只要沒有把每個字的音發清楚，對聽眾來說都會變成「聽不清楚」的壓力。**每個人不擅長的發音都不同，因此應該先找出自己的弱點，用繞口令來練習，慢慢克服這些不擅長的音。

用「饒口令」當練習，把字說清楚

和學員談話時，我有時候會聽不懂他在說些什麼。當我問道「咦？再說一次」時，發現他的嘴幾乎沒有在動。嘴巴只稍微往橫向張開，嘴型幾乎沒有變化，所以才無法清楚地發出聲音和詞彙。

光是這樣，就必須讓自己的嘴巴記得「Ｙ一ㄨㄟㄡ」的嘴型。但話說回來，假如把嘴巴張得太大，反而就會像機器人在講話了。

經常有人問我：「在播報新聞之前，會念繞口令來當作練習嗎？」我其實很擅長念繞口令，不過在ＮＨＫ裡，是沒有任何繞口令練習的。如果要花時間在念繞口令上，倒不如把時間花在如何將新聞播報稿念得流暢，並實際理解內容後，再傳達給觀眾。

雖說如果發音的嘴型不正確、舌頭不靈巧，就不能好好說話，但各位並不是站在麥克風前的專業播報員，因此我認為利用繞口令愉快地練習，也不失為一種好方式。那麼，接下來就請利用一些具代表性的例子，實際練習看看。

念念看，找出自己最不擅長的發音

每個人不擅長的發音都不同，不過大部分的人皆不擅長的就是「捲舌音」（ㄓㄔㄕㄖ）和「舌尖音」（ㄉㄊㄋㄌ）。另外，不太會發「舌尖前音」（ㄗㄘㄙ）的人似乎也不少。

平常說話的時候，相信大家不太會自覺到「我好不擅長發某個音」，絕大多數都是在被別人指出後，才會開始在意。正因為意識到自己有幾個發音常會出錯，當要在人前說話時，就無法避免莫名的不安。利用帶有趣味的繞口令，更能清楚知道哪些發音會搞混，在練習時就能針對常發錯的音加強練習。

一段繞口令中，一定會特別針對某幾個音，選擇繞口令的練習時，可以先從自己較沒自信的發音開始。

「捲舌音」和「舌尖前音」的練習

最多人感到困擾的，就是「捲舌音」ㄓㄔㄕㄖ和「舌尖前音」ㄗㄘㄙ，以下有一段很知名的繞口令，我們就來練習一下讓人頭疼的這兩種發音。

「門外有四十四隻獅子，不知是四十四隻石獅子，還是四十四隻死獅子。」

這一段繞口令的重點，就是要清楚發出「ㄙˋ」、「ㄕ」、「ㄙˇ」的音，各位也許會將「四十四」不小心發成「是十是」，並覺得「石獅子」、「死獅子」的部分念到舌頭打結。

先掌握「自己不太會念的部分、會卡住的部分是哪裡」。如果還是會把「四十四」

發成「是十是」，那麼就要特別提醒自己：這裡一定要念「ㄙ丶」，不能念「ㄕ丶」。

此外，若老是將「石獅子」念成「ㄙˊ獅子」的人，也同樣要集中注意力，告訴自己絕對要發出「ㄕˊ」的音，再試一次。

考驗舌頭靈活度的「舌尖音」

「和尚端湯上塔，塔滑湯灑湯燙塔。
和尚端塔上湯，湯滑塔灑塔燙湯。」

這段繞口令除了考驗舌尖音「ㄉ」和「ㄊ」的靈活切換外，還要加上韻母「ㄤ」和「ㄚ」的口型。一開始可以先分成前後兩段念，慢慢地練習，把「ㄉ」、「ㄊ」發音弄清楚後，再確實依「ㄤ」和「ㄚ」的不同口型，發出正確的「湯」和「塔」音。

另外，除了繞口令外，還有一些無意義、但考驗發音的短詞，例如「鋼彈吊單槓」。剛開始慢慢地念，再漸漸地可以加快速度，快速地念三次「鋼彈吊單槓」試試看——這時發音很容易就會變成「ㄍㄢ彈吊ㄉㄣ槓」。這雖然是一段沒有意義的發音，但仍要特別注意容易念錯的部分，反覆練習。

當遇到一不小心就會念錯的文章時，找出自己可能會念錯的關鍵字句，並特別留意；發音時，也要注意保持正確的嘴型。

用別的詞彙替換不擅長的單字

這種難念的字句、文章，在講稿或旁白稿裡也經常出現。特別是當你不確定這個字到底怎麼念時，最好事先確定發音並多念幾次；如果還是沒有信心，那最保險的方法，就是「換一個好念的同義字」。

例如，「最近政府將ｘｘ街的日式房屋大肆修葺一番，成為最新的拍照景點」，平常可能有把握說對「修葺」的發音，但是當在人前說話時，難免會因為緊張而失去平時的思維水準，「到底是念ㄖㄨㄥˊ，還是ㄑㄧˋ呢……」。

為了避免這種因為不確定，而讓自己陷入緊張狀況的字彙，可以換過保證不會出錯的字詞，「最近政府將ｘｘ街的日式房屋大肆整修了一番……」，意思相近，又無需擔心發音正確與否。

無論如何，想要將內容確實地傳達給聽眾，就必須花一些心思，避免因不正確的發音或含混不清的咬字讓人誤解。

30 「站姿」影響觀感和音量

反覆練習自己不擅長的發音後，在面對人說話時，應該就會有自信得多。不過，在人前說話的時候，多為站姿，不管做了多少的準備，身體多少還是會因為緊張而顯得僵硬，但正因為在這個時候，才應該要「放鬆」。

雙腳微微張開，肩膀放輕鬆，以最自然舒適的姿勢站好，背脊挺直。用這種自然放鬆的姿勢，腹部就比較容易用力，根據前面所說的腹式呼吸法，聲音就會自然又宏亮地朝前方傳去。

讓聲音自然宏亮的「放鬆姿勢」

我個人很容易駝背，每當因為緊張而全身僵硬時，我都會特別提醒自己要打直背脊。一旦駝背，臉就會不自覺地朝下，這麼一來聲音當然無法往前傳，而在別人的眼中，這種姿勢看起來也會非常沒有自信。

相反地，如果將身體往後仰，不但腹部會被拉緊，影響發聲，更會給人一種傲慢的感覺。這時很容易出現「態度高傲，聲音卻很小」的狀況，因此要格外小心，坐著說話的時候也一樣。

我在播報新聞的時候，也經常在不知不覺中將身體往前傾，直到自己發現，才趕緊調整姿勢。坐在椅子上的時候，我們經常會為了端正姿勢而坐得深一些，但這其實是不好的。

試想，若把背靠在椅背上，其實是比較難發出聲音的。不要靠著椅背，坐在椅子的正中央，挺直背脊再發聲。這麼一來，不僅聲音能直接往前方傳去，而且也比較容易從丹田發聲。

宏亮的第一句話，抓住聽眾注意力

從練習清楚的發音、宏亮的發聲，到說話姿勢的調整，到這裡，我們已經做好了基本的準備。或許心情上還是很緊張，不過，若想要緩和緊張的情緒，唯一的辦法就是大方、平穩地說出「第一句話」。

先深呼吸，再穩穩地借用腹部的力量發出聲音；與其說是「大聲」，不如說是「宏亮」。只要一開口說話時，順利集中聽眾注意力，按照事前準備的說話方式和講稿內容，就能確保一切順利進行！有個好開頭，我們也會對接下來的狀況愈來愈有把握。

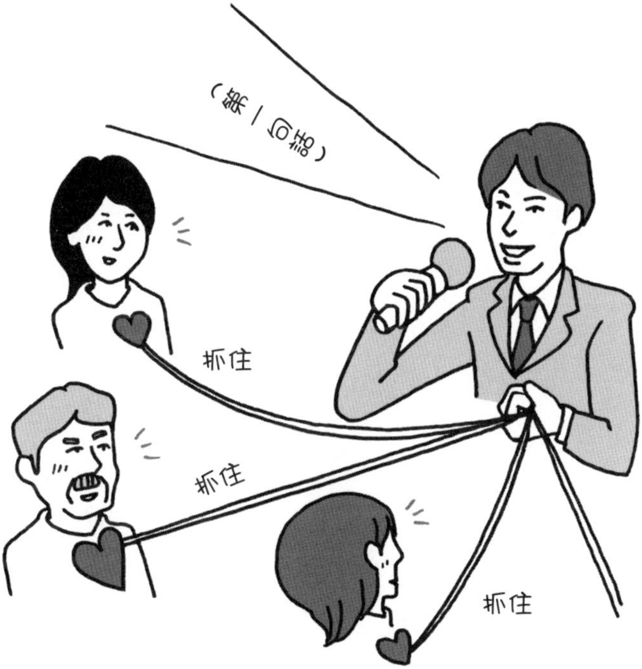

■宏亮、清晰的第一句話，立刻就抓住聽眾的心。

說對第一句話，接下來就沒問題了

我經常接受委託擔任活動主持人，而我都是在活動開始之前比較緊張。等時間到了，即將開始的時候，我就會深呼吸，用宏亮的聲音說出第一句話：「讓各位久等了！活動現在開始！」

於是，原本吵雜的會場便瞬間安靜下來，四周的人會同時將目光聚集在我身上。而接下來，只要順勢而行就好。

相反地，倘若一開口就用不清楚、發抖微弱的聲音說話，不但顯出自己的沒自信，周圍的人對你說話的內容，更會在一瞬間失去興趣。

在相聲中，「抓住聽眾注意力」是很重要的，而在人前說話也完全相同，一定要記住：第一句是整場談話的關鍵。

31 充分的事前準備，減少「發語詞」

相信有許多人在準備說第一句話時，總會不小心說出一些無意義的發語詞，如「呃——」或「欸——」。如果只是單純是習慣用「呃——」來當作發語詞，那麼只要注意一下，就可以改善。

其實一開口就是發語詞「呃——」，是必然的現象，各位可以不用太過在意。說「呃——」的次數固然是愈少愈好，不過要是花太多注意力在提醒自己「記得少說呃——」，很可能會在最重要的說話內容上有所疏漏。

精神要集中在「說的內容」

若次數多到連自己都覺得在意，或是已經被旁人提醒了，那麼就盡可能地注意並想辦法減少，只要稍加注意，慢慢改善就好。不過，除了說話習慣以發語詞開頭之外，大部分的原因，卻不是因為「習慣」。

家父就是一個例子，在人前說話時，他總是會在句子和句子間發出很長的「呃——」。大部分的狀況，是在思考「我本來想要講什麼？」或者是「我接下來該講什麼？」只要確實準備好要說的內容，遲疑、思索的發語詞，自然就會減少。

家父在需要面對群眾說話時，似乎很少做事前準備，總是在現場才思考：「說這些應該就可以了吧」，所以在正式上場時才會無法將內容統整好，而屢屢在說話段落中，以發語詞帶過思考的時間。

32 視線放在嘴巴，會有「直視眼睛」的效果

相信有很多人不知道在對一群人說話時，視線該擺在哪裡。**大部分的狀況下，聽眾主要分成左、中、右三大區塊，因此不需要與特定的聽眾有眼神接觸，說話時只要環視現場即可。**也就是說，將聽眾劃分為一個個的區塊，只要規律地反覆環視每一個區塊，看起來就會像是對著每一位聽眾說話。

不過要特別注意，基本上還是要朝向「正前方」。如果太頻繁地左右環視，反而變得像是在東張西望，看起來不穩重。

讓對方感受到「原來他在注意我」

相對地，面對較少聽眾說話時，例如一對一，或是二對一、三對一等不同狀況，如面試時，應該要直視著對方的眼睛說話，才能讓對方留下好印象，但如果還是會感到害怕或害羞的人，該把視線擺在哪比較好？

這時，可以看著對方的嘴巴，這樣一來，在對方的眼裡，你的視線看起來就像是直視著對方的眼睛。

播報員在報導新聞的時候，又叫做「讀稿」，但是從鏡頭上看起來，大多數的播報員都不會把視線垂下看桌上的新聞稿，而像是已經把稿子背起來了一般，流暢地報導。

其實，播報員並沒有把稿子背起來，而是在朗讀字幕機上的字。攝影棚裡的攝影機，就像一台正方形的電視，中間是鏡頭，而旁邊則是字幕機。在戶外現場連線報導時，播報員有時也會將小抄帶出去，夾在攝影鏡頭下方。播報時，視線雖然朝著鏡頭的下方，但收看報導的觀眾並不會感到播報員看著畫面下方。

相同地，說話時即使不直視對方的眼睛，而是看著對方的嘴巴，也能讓對方覺得你在看著他的眼睛，對你的印象也會改變。

開始說話後，只要讓自己還有餘力能冷靜地觀察周圍就夠了。不只是主持人，在對少數聽眾簡報，或對多人演講的場合裡，更應該如此。

一開始，先看著中間的人說話，接著緩緩地將視線移向左右，就能有環視全場的效果，讓所有聽眾都感覺到「台上的講者注意到我了」，在說話過程中，可以多讓視線環視全場數次。

若能做到一邊說話，一邊讓聽眾覺得你在與他互動、交流，不但更容易在聽眾心中留下印象，說話的內容也更能為聽眾所接受。

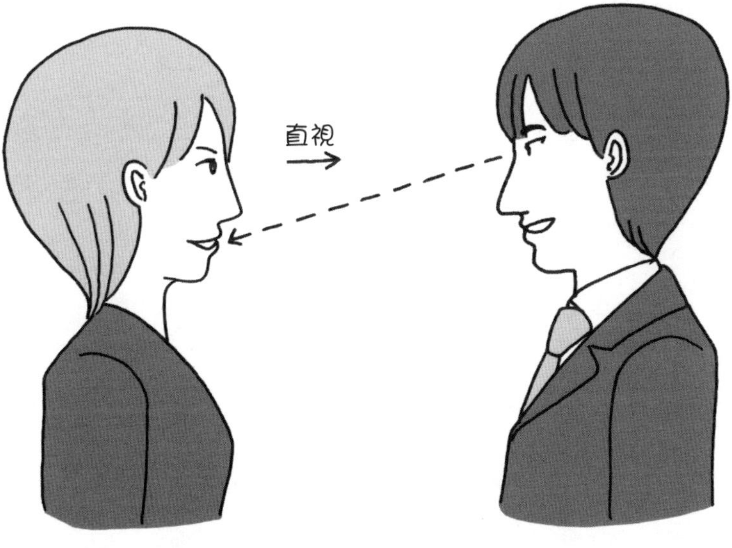

■注視對方的嘴巴，也有「專心聆聽」的效果。

33 掌握麥克風，才能成為傳達的助力

在某些需要對很多人說話的場合，例如婚宴或演講時，現場大多會有麥克風；KTV風行已久，相信很多人應該都有拿過麥克風的經驗。不過，要用麥克風在人前說話時，卻出乎意料地困難。如果現場有能幫忙調整音量、音質的專業音響師，當然就另當別論，但是一般的狀況下都是沒有的。

錯誤的拿法，反而降低說話內容的品質

先不談說話者的音量大或小，在人前說話時使用麥克風，絕對要避免用「唱KTV式」的拿法，尤其是讓麥克風與嘴巴平行的拿法。正確的拿法，應該是輕輕地握住麥克風的下方，讓麥克風垂直地豎著，並與嘴巴保持一點距離，最為理想。

用唱歌的拿法握麥克風，會把自己的臉擋住，而且麥克風沒辦法直接收音，聽到自己的聲音傳不出來時，很容易不自覺地用更大的音量說話。這麼一來，透過麥克風傳出

的聲音，就會更加混濁不清，還會產生不舒服的「嘰——」聲。最近的麥克風性能都比較好，只要用一般的拿法，就能順利地收音。

如果聲音混濁不清，再加上咬字不清楚，台下的聽眾會完全聽不懂台上的人究竟在說些什麼。說話的人本身往往不容易注意到這點，因此，**在使用麥克風之前，一定要先確認麥克風離嘴巴的距離和自己說話的音量。**

此外，儘量避免在演講即將開始之前清嗓子乾咳，或是檢查麥克風。如果真的很想清嗓，就先關掉麥克風，或是把麥克風拿遠一點。麥克風必須在事前就要檢查，而不是等即將開始了，才發出「te——te——麥克風測試」的聲音來確認。

麥克風無法掌控，最好平常就練習宏亮的發聲

最根本的關鍵，還是自己的聲音。只要能夠好好地發聲，其實就沒有必要檢查了。雖然狀況會依照會場的大小與聽眾人數而異，但最好將麥克風視為一種輔助工具，而非必需品。

當現場沒有麥克風的時候，可以將雙手放在腹部前方，輕輕地扣住雙手即可。或是

將手背在背後，**以最輕鬆、腹部能用力的站姿說話就好**，儘量用丹田發出宏亮的聲音。

不過，如果一直維持同樣的姿勢不動，看起來會有點僵硬。正如我在應用篇中所說的，這時也可以添加一些手勢。但是，假如手勢太多，聽眾的注意力就會被動作給帶走，無法專心聆聽演說的內容而造成反效果，這點也要留意。

■ 輕輕握住麥克風下端，注意嘴巴的距離，才是正確的拿法。

第 5 章

每一句都是重點的說話術

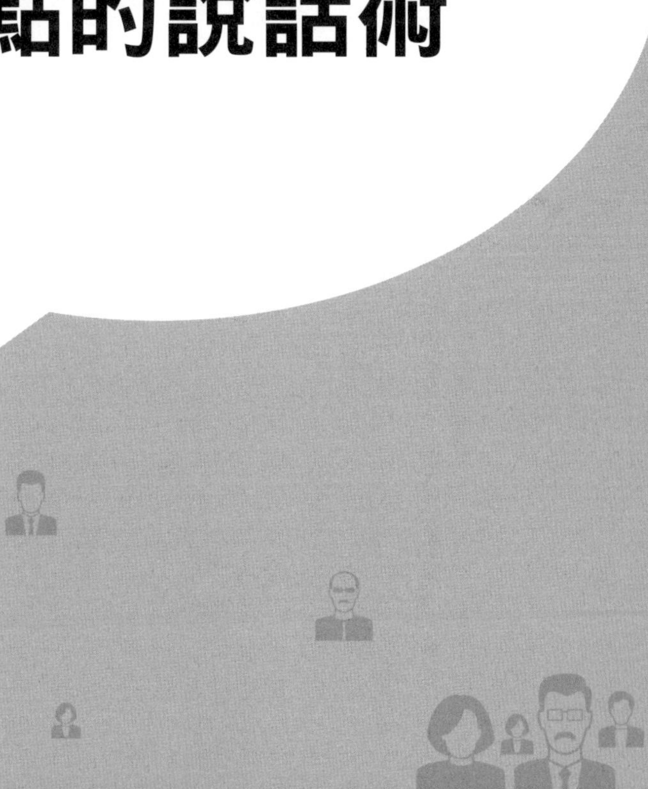

練習 1

敘述平面圖形，先說「大輪廓」

到這裡為止，在人前說話的準備大致上完成，剩下的就是在上場前多加練習。只要準備充分，就會擁有相當程度的信心；而為了讓信心更加穩固，就必須不斷地練習。「自信」是透過不斷練習而產生，接下來，我再向大家介紹幾個鍛鍊「表達力」的方法。

聆聽敘述，繪出圖形

首先是「圖形傳話」的練習，這個練習需要兩人以上才能進行。敘述者會拿到一張畫有圖形的紙，而他必須在不讓其他人看到圖形的情況下，用口說來形容這個圖形；而其他人則必須依照敘述，在紙上畫出圖形，若有人能畫出正確的圖形，就表示敘述者確實地傳達了資訊。

我們先從比較簡單的圖形開始：

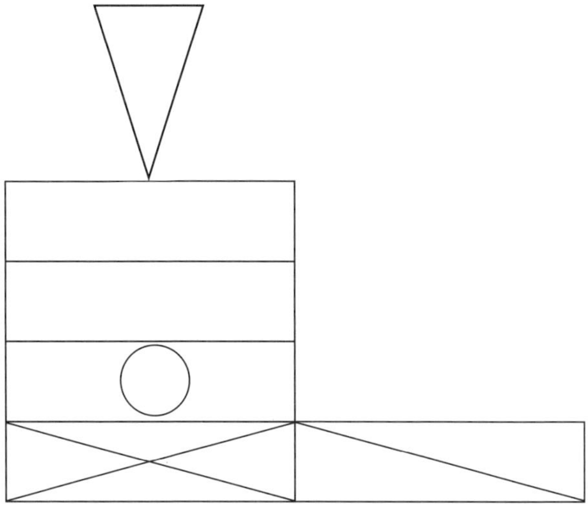

■ 利用2D線圖，練習精準的表達力。

看到這張圖，你會從哪裡開始說明？要說明這種圖形時，最有效的方法就是我在第二章裡提過的：「**從結論開始說**」。你在第一眼看見這個圖形時，覺得它像什麼？**只要抓住整體的輪廓，告訴對方「應該先畫出什麼」就好。**

例如：「首先要使用五個長〇公分、寬〇公分的長方形。用這五個長方形，排出英文字母的L形。將四個長方形疊在左側，再把剩下的一個連接在最下方的長方形的右邊——畫出L形了嗎？」

接著再敘述最上方的倒等腰三角形的大小、從上面數下來第三個長方形裡的圓，以及第四個長方形裡的叉的大小、長度，最後在右下角長方形裡加上對角線，先說大輪廓，再說細節。依照這樣的方式，再繼續練習下一個圖形。

跟剛才前一個圖相比，這個圖形稍微困難了些，一樣先從「結論」（大輪廓）說起：下方的圖形，你覺得第一眼看起來像什麼？城堡？要發射的火箭？或者試著想像上下顛倒的圖形，告訴對方這圖形看起來像是什麼。

先從整體的輪廓開始敘述，接著再慢慢組織內容。敘述需要花些巧思，但最重要的，還是要站在聽眾的立場來敘述。想想看，如果你是聽眾，聽到這樣的敘述，能不能立刻反應過來並接收到話中的意思。

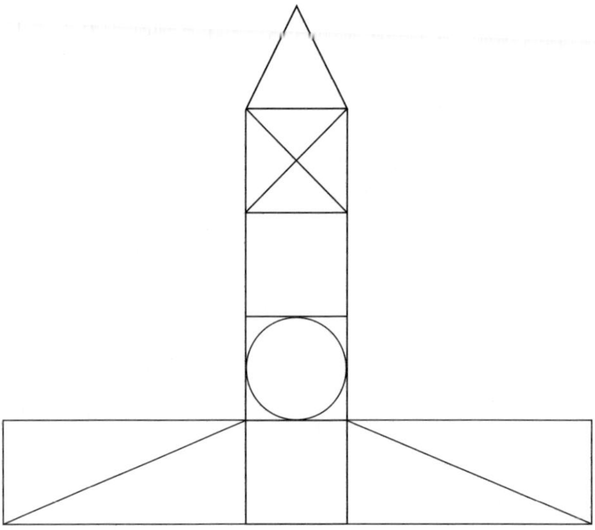

練習 2

用自己的角度切入，創造「獨家消息」

接下來，是鍛鍊想像力的練習。下頁有張平凡無奇的兔子的照片。這隻兔子正在做什麼呢？各位可以站在客觀的立場進行說明，也可以假裝自己是兔子，說一則故事。

從畫面中抓住資訊，組織內容

看到圖片後，練習用一分鐘到一分半左右的時間說明：「看來兔子似乎被抓到洗手台裡洗澡了。那隻手是誰？這是什麼季節？大約是在什麼時間？更重要的是，兔子可以碰到水嗎？」等，儘量找出畫面中藏了什麼訊息。

當然，這個練習沒有正確答案，重點在於「該如何引起聽眾的興趣」，並且簡單易懂地傳達出自己的想法。接著再看一張照片，儘量用你所知道的訊息來說明。

下一張是東京晴空塔的照片，不同於剛才的兔子照片，需要用到想像力，而是要將照片裡的資訊抓出來。同樣是「資訊」，也分成很多種。

晴空塔是在何時落成、建造的目的是什麼？此外，附近的店家有哪些？這些都是從官方網站或導覽手冊所能獲得的資料，也就是所謂的「基本資訊」。

那麼，從展望台眺望出去的景緻、觀光客的年齡層、哪一間店的哪一道料理最好吃……，假如沒有親自去過一趟晴空塔，就沒辦法說明了。

如果曾親身到過晴空塔，就能掌握周邊景觀、交通等資訊；如果能更進一步和工作人員或店員談過話，甚至說不定還能聽到一般人所不知情的祕辛。這一樣來，你對「晴空塔」的了解，就不只限於「高度、落成日期、樓層」這一

■ 看圖說故事，從有限資料中找訊息。

類的基本資料。

這就是「取材」的基礎，將自己親眼看見、親耳聽見、親身感受到的事物，用自己「真實的聲音」傳達，對播報員來說，就是最具體的報導。從各種不同的照片能找出什麼樣的資訊、組織出什麼樣的故事，都因人而異。試著用自己的角度，創造出屬於自己的獨創故事。

■「晴空塔內，哪家餐廳最適合全家一起享用？」
找出基本資料以外的「獨家訊息」。

練習 3

秀出資料的時機，決定成敗

在公司做簡報，或在學校進行報告時，相信有不少機會需要拿出資料或實物來說明。**這裡的重點，就是「確實地出示資料」。若沒有多加練習，很多時候，即使報告者以為已經讓聽眾看過資料了，聽眾（觀眾）也搞不清楚自己到底看到了什麼。**

我們要總是站在聽眾的立場，思考「這份資料裡面寫了些什麼？」、「要讓聽眾看多久，他們才能理解裡面的內容？」或是「這個東西是什麼形狀？要用哪個角度讓聽眾看？」等，在出示資料時，也要花些心思。

台下來不及看懂的資料，沒有價值

各位應該經常看見播報員在攝影棚內或是出外景的時候，使用一張A3大小的資料板作為輔助。畫面上呈現的，就是觀眾看到的內容。這時我們必須注意，要讓板子留在畫面上多久，觀眾才能看懂資料版上的內容，又不覺得資料板在畫面上的時間太久？

我以前也曾因為不知道該怎麼出示資料，而犯過無數次的小錯誤，例如把資料拿成斜的、不小心一直把注意力放在下一個單元、要秀出下一張資料的時候，翻頁沒有翻好……。

先思考聽眾（觀眾）需要花多少時間才能理解，再來決定出示資料的方法以及說話的速度。若能即時掌握聽眾（觀眾）的反應，就可以調整說話的速度以及抑揚頓挫，或是採取對話的方式進行演說。

有時候會遇到「非得讓聽眾看過某份資料，才能繼續講下去」的情形。也就是說，**有些資料，是為了讓接下來的演說內容進行得更順暢。**

每份資料應該都有其「意義」存在，既然都花時間製作了，就應該讓聽眾確實地看見，並理解該份資料想要傳達的訊息。秀出資料的時機和時間長短，也會影響說話內容的吸引度和傳達度。

練習 4

看一眼就能記住的補充資料

站在演說者的立場，當然會想儘量把所有的資訊放進演講內容中，傳達給聽眾。然而，如果在一場演說中塞進太多資訊，用心準備的內容反而無法發揮效用，這也是事實。各位比較看看左頁的兩份資料，哪一個比較簡單易懂，答案應該一目了然。

捨棄不必要的資料

將資料投影在螢幕上進行簡報時，倘若像失敗的範例一樣，將大量的資料，用很小的字體密密麻麻地寫在一張投影片上，聽眾不但看不清楚，甚至不會有想看的意願。這樣的內容，聽眾只願意掃一眼，絕對不可能全部讀完，那麼這份補充資料就完全失去了效用。

就算發書面資料給聽眾，也會分散聽眾的注意力，因為聽眾會一直想看資料內容，無法專心聽台上的演說內容。因此，簡報資料的內容，要像理想的範例一樣，儘量簡

【失敗的範例】字體小又多，根本不想看完

在人前自信說話的三個重點

1 主題只有一個

・無論報告的時間是長或是短，想說的主題只有一個。

・首先必須決定一個最想傳達給聽眾的重點，選擇主題是很重要的。

・若沒有確實做到這一點，連自己都會弄不清楚自己到底在說什麼。

2 從結論開始說

將主題聚焦在一個重點之後，接下來就從最想說的「結論」開始說。如果能開宗明義地說「今天我要談談和○○去○○旅行時發生的事」，聽眾便能更輕易地想像我們接下來要說什麼。

3 用簡短的句子連接

決定了「主題」，也做好準備「從結論開始說」，接著就是把「每句話縮短」。

減少用不確定的語助詞做結尾，將多個短句串連起來，說話內容就會清楚明瞭。

【理想的範例】清楚又簡潔，一看就懂

在人前自信說話的三個重點

1 主題只有一個

2 從結論開始說

3 用簡短的句子連接

短。不只是文字，在使用圖表進行簡報的時候也是一樣。

圖表製作得愈仔細，當然就愈難以理解，更重要的是，人類無法一次處理太多資訊。**我們的目的，如果是「把重點簡單明瞭地傳達給聽眾或觀眾」，鼓起勇氣捨棄資料，就更顯得重要了。**

簡報的資料，可以運用前面提到的「整理說話內容」的技巧來製作。我能夠體會各位花了很多時間準備資料的心情，但過多的內容，無助於我們完整的表達內容。

只要能簡潔清楚地呈現資料，自己的說明也就自然會變得簡單扼要，對方一定也能更輕鬆地理解。將資料視為演說時的輔助工具，只要寫下要點即可，其他的資訊，就在正式上場時用口頭說明。

此外，製作簡單易懂的資料，也能縮減製作資料所需的時間。如果花太多的時間製作書面資料，反而會疏忽了演說或簡報的準備。

在本章中，我介紹了提升表達技巧的練習，以及資料的呈現方式、製作方法。相信各位應該可以明白，從事前蒐集資料、練習，到正式上場，每一個階段的準備都很辛苦，同時也都很重要，這些準備，其實都有助於「緩和緊張」。

專業人士超有自信的表達技巧

—— 高手篇 ——

★ 利用平面圖像或照片，輕鬆地練習「表達能力」。這時，跟家人或朋友一起練習，比一個人獨自練習要來得有效，可以讓你察覺自己以往所不知道的說話習慣。透過一點一滴的訓練，各位的表達能力就能更上一層樓。聲音的大小、宏亮度、說話時的姿勢等差異，都會帶給對方截然不同的印象。

- [ ] 進行培養表達能力的練習
- [ ] 練習腹式呼吸
- [ ] 進行發聲練習
- [ ] 上場的氣勢也很重要！

終章

充分的準備，能化緊張為期待

「沒自信」的部分，就是還沒準備好

相信準備到這裡，各位應該也對自己產生信心了。如果還是對「在人前說話」感到緊張、沒自信，那麼，就從本書各章中提出的「事前準備」要點，找出沒自信的項目：發音不標準？怕吃螺絲？不了解三個重點？又或是為了蒐集話題資料而煩惱？

先找出自己沒有自信的地方，接著再思考為什麼對這一點沒有自信？是練習不足嗎？也許是個性的關係？再用什麼樣的方式、加強鍛鍊什麼地方，或是重新準備哪個部分，才能感覺到「充分準備」的安心感呢？站在客觀的角度冷靜分析每一個項目，針對自己不足的地方再進行補強。

從「準備內容」和「表達方式」兩方面分析

以前有一位已經出社會的男學員，他看起來雖然很健壯、很強勢，但他的聲音有點高。他本人對於這一點感到相當自卑，還曾說：「我的聲音很高，所以我很討厭自己的聲音，如果聲音能夠低沉一點就好了。」我告訴他：「我能理解你想要低沉聲音的心情，但音質是天生的，就好好地活用你與生俱來的聲音。」

但是，因為他對自己的聲音感到自卑，所以不太願意在人前發出聲音。即使只是打個招呼，他在人前也會緊張得不得了，不是吞吞吐吐，就是破音。

然而這位學員仍然不放棄，他從來沒有缺過一次

■冷靜地分析自己，在哪一方面的準備還不足夠。

課，不斷地反覆進行基本練習，而隨著他在大家面前說話的經驗愈來愈多，他的聲音漸漸變得比誰都宏亮。

起初，他所抱持的希望是「我想發出有說服力的聲音」。據說，這就是他心中所謂「低沉而響亮」的聲音。

但是，在日復一日從發聲開始的基礎練習中，他開始有所覺悟，決定與天生的聲音好好相處下去，進而慢慢地產生自信。同時，透過和同儕一同學習，他在與人相處方面看起來也變得更有自信了。我認為，這正是因為他長期持續地練習，累積自信的關係。

如果做了許多準備後，依然感到緊張，就先客觀從每個角度想想看，自己是對哪一點感到沒自信。只要確實地做好準備，你也沒問題的！雖然自己不會察覺，但其實在不斷的準備中，你已經擁有面對人群說話也不害怕的表達能力了。

讓台下不在意的「同理心」戰術

我想這句話應該可以套用在任何事情上——旁人其實沒有你想像的那麼在乎。相信每個人都曾經有過這樣的經驗，「今天的髮型好糟，一直吹不好。真不想頂著這樣的頭髮出門……」

不過，出門之後，真的有人對你說過「你今天的髮型跟平常不一樣，好像沒吹好」嗎？除了與你關係非常親密，無話不說的好友之外，一般同事或路人，應該不會發現你的髮型有何不同。

為自己等一下的表現打「預防針」

同樣地，沒有人在聽講的時候會一直注意講者緊張與否。因為聽眾想聽的是「演說內容」，外在應該是無關緊要的。所以，即使很緊張，旁人應該也不會注意到才是。

話雖如此，假如一站在人前，雙腳便開始發抖、聲音也發不出來；就算發出了聲音，也因為緊張顫抖，根本聽不清楚——如果是這樣的話，台下當然會注意到。

不過，大多數的人應該不會發出訕笑或批評，而是會感同身受，有些人說不定還會想對你說聲「加油」。假如遇到這種狀況，就好好利用台下的「同理心」。

某次，我在一場以學生為對象的講習會中，請學生們自我介紹。最後輪到一名女學生，她在說出自己的名字之後，便說：「我的個性非常容易緊張。其實我現在雙腳抖個不停，也不知道該說什麼才好……對不起……」接著，她就哭了起來。

即使如此，她還是好好地說完了自我介紹。就在她說完的那一刻，全場響起了如雷的掌聲。這應該是一種「鼓勵」或「打氣」，而她的眼淚，正是引發同理心的武器。當然，她並不是看準了台下聽眾的同情心，才故意哭出來的。

一個以在人前說話為業的專業播報員，若是緊張到哭出來，就等於沒有資格擔任播報員，在公司內進行重要的報告或簡報時也是一樣，更遑論求職時的面試了。

但是，當這位女同學一開始就老實說出，「我的個性非常容易緊張，現在雙腳抖個不停」時，她就把緊張變成了「人格特色」，透過自己主動說出來，讓大家先有「原來她很緊張」的心理準備。另外，主動讓台下知道自己「很緊張」，會感到「啊，反正大家都知道我很緊張了」，反而能安心的專注在自己說話的內容。

女同學的緊張，來自於「大家會怎麼看我？」這種不安。但是，旁人其實沒有你想像的那麼在乎；即使像這位同學忍不住緊張，害怕落淚，或是因此犯錯，也應該將注意力集中在接下來要說話的內容或動作上。

■ 說話的內容吸引人，台下其實不在乎你有多緊張。

預留「失敗」的空間給自己

人非聖賢，犯錯、失敗，是理所當然的。無論怎麼仔細地準備，偶爾也會出錯或是有所疏漏。

在日常生活或工作上的失敗也是一樣的，因為沒向主管報備而被責罵了之後，下次就再也不會忘記向上呈報了；要是不小心說錯話傷到了對方，下次就得注意別再說那樣的話。

失誤，是達到完美的過程

話雖如此，我們總是在不斷犯錯中逐漸成長，因此更確切地說，我們應該要注意「**別犯同樣的錯誤**」。更重要的是，我們有沒有發現自己的失敗或錯誤。在大事上失敗和在小事上失敗，程度當然有所不同，**最糟的是，對於失敗毫不自知。如果沒自覺到失敗，當然也就無法反省了。**愈是想著「絕對不可以失敗」，就愈容易緊張，因此無法發揮應有的實力。然而，根本沒有必要想得那麼嚴重。

我在二十年的播報生涯中，曾有過這種經驗：每年除夕夜的紅白歌唱大賽結束後，接下來就是從各地連線的跨年報導。我在任職於松山支局時，曾經負責過這一段節目。

連線的時間雖然只有短短的一分半左右，但在好幾天前，負責管理流程的導播就會與寺方進行詳細的協調和準備。這段連線的時間雖短，卻是象徵送走舊的一年、迎接充滿希望的新年，因此非常重要。

我請寺方在寺院裡的一間房內設置螢幕，我將在那裡讀稿。正式連線前，製作人面帶微笑地對我說：「我想石川一定沒問題的，不過，還是希望你絕對不要出錯喔！畢竟這是全國播出的節目，要是出錯了，實在不太好看呢！」

這一句話，反而對我造成了莫大的壓力。我請主管坐在身旁，一直反覆地練習，隨著連線時間愈來愈接近，我內心的緊張感也直線上升。

最後，節目開始了。起初，我想我的聲音應該有些顫抖，但播報到一半，我轉念一想：「就算犯錯了，也罪不致死……總之，我就把來自松山、來自這塊土地的意念，好好的傳達給全國觀眾吧！」

最後，我總算在沒出什麼大錯的狀況下，順利地結束了跨年的轉播。我想，關鍵就在於「心態」；演員、藝人、運動選手，也都是一樣，若是做好了充分的準備，就不用害怕失敗，只要全力以赴就好。

逃避很簡單，給自己「做好」的機會很難

接下來我要談的，或許是精神醫學或心理學的專業醫學領域。我曾聽過一位醫生說：「比起成功時的喜悅，人類更記得自己的失敗。」

相信應該不少人有類似以下的經驗，「在人前說話時，突然不知道自己在說些什麼，腦子一片空白」、「被人指出自己說錯的地方，於是難為情得根本不記得後來說了什麼」、「演說結束後，感受到台下傳來『剛剛台上說什麼？』的氛圍，所以再也不想在人前說話了」。

比起成功的經驗，人們更會記得這些失敗的經驗，這或許就是所謂的「心理創傷」。一直掛記著失敗的經驗，在遇到同樣場面時，當然會不免擔心：「我會不會又犯下同樣的錯誤？」

然而，各位或許可以試著把想法轉為「正因為有過先前失敗的經驗，所以這次一定沒問題」。失敗和緊張，都是天經地義的，因此就算失敗好幾次，又有什麼關係？

倘若念錯了字的發音，那麼下次遇到這個字，就小心不要再念錯；如果是講到一半、腦中變得一片空白，那麼下次就在準備話題和內容上多花些工夫，避免再出現這樣的情形就好。若是從此放棄在人前說話的機會，其實很簡單，但是一直逃避下去，什麼都不會改變，甚至因為放棄再次嘗試的機會，只會更害怕、更緊張「在人前說話」。**如果無法避免，那就把失敗想成「幫助自己成功的過程」，再試一次。**

我也是在某個時間點，才突然開始抱著「就算失敗也不算什麼。頂多只是一時丟臉，又不會危及性命」的想法。在那之後，我在播報員生涯中發生的可怕失誤，反而慢慢減少了。

和台下一起「享受」這段時間

有一回，我應邀擔任某間公司創立紀念宴會的主持人，那是一場聚集了約兩百人的宴會，宴會中要進行賓果遊戲。負責主持這場遊戲的女職員問我：「我現在好緊張。請問該怎麼樣才不會緊張呢？」

我只對她說：「只要享受這一切不就好了嗎？」她笑著說：「原來如此。不過，我根本沒有那種心情啊！」

就在她笑著和我說話的那一刻，緊張的心情其實就已經緩和了許多。事實上，緩和緊張的最後一張王牌，就是「享受」。

想像自己即將度過一段「美好的時光」

在賓果遊戲開始的時候，她確實也成功地扮演好場控的角色，並且開心地融入其中。我想，她的腦中現在應該正想著，「我該如何請達成賓果的人儘快到台上來？」、

「我該怎麼讓氣氛更熱烈？」。而當全場氣氛變得熱烈，自己一定也會感到很開心。

賓果遊戲結束後，她吐著舌頭、淘氣地對我說：「剛剛我忘記自己在主持節目，也和大家一起玩起遊戲了。」當時她那張開朗明亮的臉龐，我至今都忘不了。

相信有不少人，不管做了多少準備，到了真正要在人前說話的時候，還是會突然失去自信。隨著正式上場的時間愈來愈近，說不定還會開始全身發抖。在這個時候，多想像正面的情景，最後，只要告訴自己「享受這

■充分準備好了之後，正式上場時，就好好享受！

段時間」就好。

告訴自己，「我要快樂地享受這一切」，剩下的就是下定決心，踏出正式上場第一步了。相信各位在經過了充分的準備，並調適好上場前的心情，一定不怕在人前說話！

特別篇
二十年播報生涯，累積驚人「應變力」

1突然發生大新聞！緊急的「深夜特別報導」

我在東京任職的時候，有一項工作是負責播報新聞的「大夜班」。當天沒有什麼特別重大的事情，也沒有意外事故，因此只要等著播報晚上最後一節新聞就好。播報完這節全國新聞後，就可以待命，等著播報清晨五點的新聞。記者和工作人員一個接著一個回家，新聞中心只剩下零星的幾個人。

當時我正和負責編輯講稿的新聞主編閒聊，突然間，我似乎聽見有人喊道：「殺害前厚生省事務次官的凶手自首了！」

我和主編面面相覷，轉瞬間，電視台內變得非常忙亂，剛才還空蕩蕩的四周，忽然湧入了好幾十位工作人員。緊接著，我聽見有人說：「播報員，快進攝影棚！」**新聞部決定播報夜間臨時新聞**。

我還來不及思考，身體就開始移動，立刻在攝影棚內的播報台坐下，手沒停的裝好麥克風，把耳機塞進耳朵裡。當我在播報台上做好準備時，被稱為「一稿」的講稿也被送到了我的手邊。

我沒有時間確認內容，當時播放的連續劇就被新聞插播，我的臉也出現在電視畫面裡——特別報導已經開始了！耳機裡只傳來一句「開始！」的指示。

就在我還搞不太清楚狀況的時候，就聽到自己的聲音：「現在為您插播最新消息。」開始播報新聞。我的手邊只有幾張講稿，我在不知道發生什麼事、而且事前完全沒有準備的狀況下，就開始進行播報，聲音和模樣應該還算鎮定。我想，可能是因為當下根本沒有時間緊張！

就在我朗讀講稿的時候，新的稿子和紙條也一直不斷地遞上主播檯。紙條上，是以潦草字跡寫下的「記者〇〇來自〇〇警察局的連線報導」、「記者俱樂部來自〇〇警察局的連線報導」、「接下來要與記者〇〇進行記者解說」等字句。

連線有幾分鐘、講稿大概要讀多久、更重要的是這個特別報導究竟會持續到幾點，我都不知道，只是繼續播報下去。最後，這個特別報導持續了約三十分鐘，在播報員前輩抵達後，我就交棒給前輩了。

這一次的經驗讓我體會到，在發生突發狀況、什麼都沒辦法準備，但仍然必須上場的時候，人就會發揮潛能、忘掉害怕和疑慮，重新振作起來。而且，正因為是在這種突發狀況，才不會緊張。

因為在這種狀況下，我們根本沒有多餘的心思去擔心「萬一失敗了該怎麼辦」。由於播報員是專業人士，因此無法容許任何失誤，但即使真的失敗了，其實也可以安慰自己，「畢竟根本沒有時間好好準備，就算真的出現失誤，也是沒辦法的……」。只是，如果播報員真的對大家說出這種話，應該會招來一頓好罵。

最後，如果真的在這種突發狀況發生失誤，別想太多，只要重新打起精神，直接上場就好。這樣的態度，不只適用在人前說話的時候，也適用於面對人生中的其他挑戰。

不過，我任職於廣播電台時，也曾值過大夜班，而不知為何，每次輪到我值班的時候，總會有事件或意外事故發生。當天和我一起值班的新聞主編等同仁，只要知道當天值班的播報員是我，就會半開玩笑地抱怨：「每次輪到石川值大夜班，就會有事情發生耶！」

2 播報員的惡夢：在觀眾前猛吃螺絲

「一如往常地在廣播錄音室裡讀講稿，卻赫然發現稿子上全是從未見過的字；好不容易開始念了，卻一直結結巴巴，沒辦法好好念下去，而且根本不知道手上這份是什麼講稿！不管再怎麼拚命地念，也是徒勞無功，連一頁都還沒念完，新聞的時間就已經結束了。最後因為太過消沉，連走出攝影棚的力氣都沒有……」

就在這個時候，我就醒了……沒錯，我經常做這種「在報新聞時出錯」的夢，這或許是一種在播報員身上常見的職業病。

一般我們在播報新聞之前，都會先看過一次講稿，也就是「預讀」，進行練習。我們會計算播報每一則新聞所需的時間，掌握在既定的時間內可以播報幾則新聞，因此，基本上一定都會先預讀過講稿。

不過在夢境中，什麼都有可能發生。每當我醒來，心臟都會怦怦地跳個不停，全身大汗淋漓。當我領悟自己是在做夢後，才安心地拍拍自己的胸口。

曾有一段時間，我很頻繁地做這種夢，或許是肉體和精神都很疲累了。由於我感到相當煩悶，因此就問了同事和前輩，是否有做過類似的夢。結果有不少人都說「會啊」。

某位前輩告訴我，他曾經做過好幾次這樣的夢——「我拿著講稿，準備進攝影棚。可是一走進攝影棚，就被攝影機的電線給絆倒，差點跌倒，並且把手裡的講稿給弄掉了。就在我焦急地撿起散落一地的講稿時，新聞卻開始播放了。」

此外，其他的同事也說他曾經做過這樣的夢，「播出時間就快要到了，我卻找不到攝影棚在哪裡。明明是非常熟悉的攝影棚，但是卻怎麼找都找不到。就在焦急不已的時候，新聞播出的時間就到了」。

聽見他們這麼說，我才稍微鬆了一口氣，心想：「什麼嘛，原來不是只有我這樣啊！」

為了防止夢境中的事情發生，在電台或電視台裡，每當播報新聞的時間逼近，播報部都會響起警鈴，而當天負責播報的播報員，也會在脖子上掛著計時器，並設定好時間；等預讀的時間一到，計時器就會響起，而四周的同仁也會特別注意，當天是誰要負責上台播報。

我雖然沒有弄錯播報新聞的時間，給旁人添麻煩的經驗，但卻有好幾次是在被人提醒之後才逃過一劫。要是其他的播報員在新聞播出時間不在崗位上，在場的人就必須協助。然而，即使是記者或導播發現了，他們也不能代替播報員播報新聞。正因如此，我們才更必須時時注意。

所以，我想我做的夢，也許是來自「不知道什麼時候會犯錯」，或是「這是別人曾經犯的錯，所以可能會再犯」等的憂慮。假如換作職棒選手，或許會夢見在場上漏接球之類，說不定每一種職業，都會有其獨特的「職業惡夢」。

3 尋找「讓觀眾感興趣」的主題

我經常被問到：「播報員在播報新聞或主持節目之外，還會做些什麼呢？」

無論是在電視台或是廣播電台，我們主要的工作都是播報新聞，因此觀眾當然會對我們在播報新聞以外的工作懷抱疑問。以前的播報員，或許真的只需要播報新聞即可，但現在除了播報新聞之外，我們真的還有多到超出各位想像的工作要做。

最近的播報員也必須親自去取材，思考新聞的架構和評語，最後再透過螢幕傳達給觀眾。我曾聽說過，在民營電視台裡，會由播報員自己帶著攝影機去取材，自己拍攝畫面回來，一邊編輯，一邊撰寫講稿，最後在節目裡傳達給觀眾——這已經是一種電視台的常態了。

而在NHK，一般在攝影棚內播報的新聞，都是由播報員朗讀由記者撰寫的講稿，但是節目裡的報導或現場連線的講稿，有不少都是由播報員自己寫的。即使只是五分鐘左右的現場連線，從尋找題材到提出企畫書、採訪受訪者、事前討論、安排SNG車、場勘、思考架構等，需要做的事情非常多，而且非常瑣碎。

除了這些事情之外，當然也要播報電視或廣播的新聞，還要開會。雖然被稱為「電視台主播」，但我們其實和一般的上班族沒兩樣。

4 突發狀況手忙腳亂，充分的準備差點白費

我進入NHK第六年、任職於大分支局時，在某一次與國外連線的現場，發生了「十秒鐘」的空白失誤。

一如往常地，每次現場連線我都會很緊張，但我總是像念咒語似地對自己說：「都

已經準備這麼充分了，一定沒問題的。我一定可以！」這也算是一種「精神控制」，隨著經驗的累積，「壞的緊張」漸漸地轉變為「好的緊張」，心情上也比較從容不迫了。

當時，大分市有一個名為「大分市TSUKAKOUHEI劇團」的劇團。這是已故的劇作家TSUKAKOUHEI先生所組成的劇團。這個劇團當時即將前往韓國，準備在韓國首度公演，而我們也隨同前往韓國採訪，這也是我第一次到國外出差。

我在學生時代曾經參加話劇演出，更是TSUKA先生的粉絲，因此我非常高興能擔任這次公演的現場轉播。我確認了衛星傳送畫面的準備和日程，並將之前取材所得的資料與當天公演的狀況整理成一小段評語。

終於到了連線的時間。東京的攝影棚內，傳來播報員的聲音：「那麼，接下來就由位在韓國首爾的播報員石川，為我們轉播最新消息。石川先生！」

這是我將偶像TSUKA先生的活躍姿態傳達給全國民眾的大好機會。我緊握住麥克風，打起精神，

「好的！這裡是位於韓國首爾市中心的○○劇場……」就在開始說話之後，我發現了異狀，忍不住緊張得臉色發青：我的聲音延遲了一會兒，才從耳機傳來！也就是說，

當我說完「好的。這裡是……」之後，過了一下子，我才從耳機聽見「好的。這裡是……」的聲音。

科學已經證明，當自己的聲音和說話時間不同步時，是沒有辦法順暢說話的。我不禁感到驚慌，不由自主地取下了耳機，但一回過神，才發現我已經說不出下一句話了。而且我已經把耳機拿下，也聽不見東京傳來的聲音了。

所謂的「頭腦呈現一片空白」，應該就是這個感覺。我只說了「呃——」，就沒辦法再繼續說下去了。這時，我看見東京的播報員一臉驚訝地問：「石川先生？怎麼了嗎？」

我告訴自己「要冷靜、要冷靜」，並深呼吸，想盡辦法讓自己重新振作起來。忽然間，事先為這段報導寫的結語，忽然浮現在腦海中，我忍不住脫口而出：「我想起來了！」

一個播報員在進行報導的時候說：「我想起來了！」實在很不可思議。相信位在東京的播報員和電視機前的觀眾們，一定都嚇了一跳。可是當時的我，不但全身冒汗，心臟狂跳，雙腳也開始顫抖，陷入極度緊張的狀態，早已喪失了鎮定。

這段時間大概有十秒，當時的情景至今仍鮮明地映在我的腦海中。那段時間似乎比永恆還要長。雖然最後總算順利播報完畢，但我還記得播報完畢後，我的襯衫也全部汗溼了。

這種「頭腦呈現一片空白」的體驗，讓我長久以來建立的自信輕易地崩解。不只是播報新聞，不管準備得多麼充分，一旦遇到突如其來的狀況，也是束手無策。因此，平時就要多準備一些專屬於自己「備用話題」，以便在面臨突發狀況時能夠立刻應變！雖然我以說話為業至今也約有二十年之久，但直到今天，我都還在不斷的學習如何應付各種突發狀況。

後記 別讓「緊張」，阻礙你「表達自己」

最近來聽我的課、立志成為播報員的人，無論是學生或上班族，人數似乎都增加了。本書的出版契機，是因為和出版社的編輯談到：「最近，似乎有很多人要面對群眾說話的機會增加了，像是要簡報或受邀在婚禮上致詞……」

我深刻地體會到，隨著時代的變遷，工作的型態也在改變。另外，我想也正因為這是個資訊氾濫的時代，因此有愈來愈多人，想要重新檢視自己是否擁有能力，確實地用言語傳達自己想法。

不論學生或社會人士，每個人都希望，能把自己想說的話、自己的想法，簡單易懂地「傳達給其他人」；而在人前說話、表達意見時，擋在「表達」前面的障礙，其實就是「緊張」。

兩個人對話的時候明明就沒問題，可是一旦對話的人數增加，大多數的人就會不自覺地緊張起來。正如我一開始所寫的，世上根本沒有「讓人不緊張的方法」，本書所介紹的，說穿了只是「緩和緊張」的方法之一。「緊張」雖無法消除，但卻可以控制。也就是說，**只要不去在意，就不會受到影響。只不過在學會不去在意之前，需要確實、仔細的準備和不斷地反覆練習。**

只要各位讀完本書，按照重點進行準備，並開始實踐，那麼在人前說完話之後，相信各位一定會覺得：「咦？好像沒有原先想像得那麼緊張耶！」同時，相信大家一定更懂得如何傳達自己的想法。

在撰寫本書時，我的學生們在講座和課程中分享自己的感想，並給我許多靈感。另外，感謝CrossMedia Publishing出版社的小早川幸一郎先生、石川奈津美小姐都對我的照顧，並總是包容我的任性，在此致上感謝之意。希望看完這本書的你，能從此克服「在人前自信說話」的緊張，並更了解「如何完整傳達自己的想法」。

暢銷好書推薦

跟著柴鼠學FQ，做自己的提款機：

為投資理財打好基本功，讓你不靠勞力，增加被動收入，快速FIRE

★獲《經濟日報》評選為適合投資理財新手的YouTube頻道
什麼是FQ（Financial Quotient）？FQ就是「財務智商、理財知識」，是一個人駕馭金錢的能力。投資理財超人氣Youtuber柴鼠兄弟，擅長將難懂的理財術語化繁為簡，讓你把FQ化為一技之長，不靠勞力，提早財務自主！

柴鼠兄弟著

與家人的財務界線：

富媽媽教你釐清家人的金援課題，妥善管理親情的金錢漏洞

★ 三立新聞台、東森新聞台、非凡電視、
　鏡週刊等多家專訪
★ 蟬聯各大網路和實體書店的商業財經暢銷榜
★16年親身經驗，教你如何不讓親情成為你的財務枷鎖

李雅雯（十方）著

跟錢做朋友：

向日本股神學習影響一生的致富觀，打通金錢通道的理財課

★ 攻占日本亞馬遜暢銷榜，實際銷量突破90,000冊
　理財關鍵不在技術，而是思路。
像日本民間股神一樣「思考金錢」，掌握金融法則，
誰都能有效累積財富，一生不用為錢煩惱！

村上世彰著／楊孟芳譯

暢銷好書推薦

駕馭不適圈：

成功人士跳脫舒適圈、超越痛苦、與壓力共處的123間歇心法

★ 英國皇室法律顧問、暢銷作家、導演、超級名模、
　企業家等各界名人共感推薦
本書訪問無數成功人士並提供各種案例，
透過不斷刻意練習「123 間歇心法」，
不管面對什麼困境與人生課題，讓你大膽待在不適圈！

法拉．史托著／閻蕙群譯

量子領導——非權威影響力：

不動用權威便讓人自願跟隨，喚醒人才天賦，創造團隊奇蹟的祕密

事情成敗的真正關鍵——不在領導者「能力」，在領導者的「意識」。
21世紀非權威式的領導新典範，配備具「量子觀」的領導力，解決新時代的商業困境，達成奇蹟躍升。

洪銘賜著

淬鍊成功人生的咖啡豆思維：

翻轉信念，從消沉無力到發揮真實力的經典商業寓言

★ Amazon.com商業財經、自我成長分類榜No.1
★ 亞馬遜超過八成讀者五顆星評價口碑保證
★ 美國暢銷作家高登與新銳作家威斯特聯手推出經典商業寓言
★ 想創造個人成就、優質文化和贏家團隊，必讀本書

強．高登, 戴蒙．威斯特著／張家綺譯

暢銷好書推薦

讓每一次的離職都加分：

從離職的念頭中，盤點內在渴望，設計自我實現的藍圖

工作的最終目的，是為了幸福、為了實現自我。
要達到如此想望，首先要能「工作得像自己」！
辭職不是為了離開，而是有更好的地方要去！
終結漂流職場，開始設計專屬你的工作藍圖！

朴建鎬著／鄭筱穎譯

跟任何主管都能共事：

嚴守職場分際，寵辱不驚，掌握八大通則與主管「合作」，為自己的目標工作

在職涯中，你要做的不是期待完美主管，
而是學會跟任何主管都能合作的職場通則，
嚴守職場分際，寵辱不驚，目標清楚，
你不是為主管工作，而是為自己工作！

莫妮卡・戴特斯著／張淑惠譯

職場會傷人：

本該施展抱負的職場，為何讓人身心俱疲？

曾幾何時，我們懷抱著熱情進入的職場，
竟成為每天都不想醒來的理由。
職場會傷人！你是否也遍體鱗傷了呢？
在工作把你的快樂吞噬前，翻轉它吧！

方植永（小安老師）著

暢銷好書推薦

從未來寫回來的逆算手帳：

利用「想像願景→計畫→行動」的反推習慣，讓你目標不失焦、心情不煩躁、做事不拖延

★ 日本一萬人親身實踐後，都極力大推的逆算手帳法
逆算手帳創始人結合「逆算思考」和「手帳術」，
利用反推習慣，提高計畫的達標率，
讓目標明確，消除焦慮，內心充滿踏實感！

小堀純子著／黃立萍譯

五秒法則行動筆記的力量：

倒數54321，GO！超效計畫每一天

★ TED最受歡迎演講之一，點閱率近20,000,000次
★ YouTube、FB、Twitter……全球社群千萬網友實證推薦
結合心理學、組織行為學和神經科學的刻意練習法，
讓計畫迅速確實做完、做好的筆記書。

梅爾．羅賓斯著／吳宜蓁譯

邊寫邊思考的大腦整理筆記法：

養成「書寫→思考→解決」的習慣，增加生產力，強化學習力，紓解壓力，心智升級！

日本暢銷作家、明治大學教授齋藤孝指出，多數人會用到的筆記，通常是「記錄」的形式，但其實，筆記還能成為第二個大腦，齋藤孝根據自己三十多年的親身實踐，提出「邊寫邊思考的大腦整理筆記法」。

齋藤孝著／葉廷昭譯

翻轉學　翻轉學系列 032

面對一億人也不怕的 33 個說話技巧

簡報、演說、面試、聊天，無論各種場合，人人都想聽你說

人前で 5 分以上自信を持って話せる方法

作　　者　石川光太郎
譯　　者　周若珍
總 編 輯　何玉美
主　　編　林俊安
責任編輯　黃品蓁
封面設計　張天薪
內文排版　菩薩蠻數位文化有線公司

出版發行　采實文化事業股份有限公司
行銷企畫　陳佩宜・黃于庭・馮羿勳・蔡雨庭
業務發行　張世明・林踏欣・林坤蓉・王貞玉・張惠屏
國際版權　王俐雯・林冠妤
印務採購　曾玉霞
會計行政　王雅蕙・李韶婉・簡佩鈺
法律顧問　第一國際法律事務所　余淑杏律師
電子信箱　acme@acmebook.com.tw
采實官網　www.acmebook.com.tw
采實臉書　www.facebook.com/acmebook01

I S B N　978-986-507-126-4
定　　價　320 元
初版一刷　2020 年 7 月
劃撥帳號　50148859
劃撥戶名　采實文化事業股份有限公司
104 台北市中山區南京東路二段 95 號 9 樓
電話：(02)2511-9798　傳真：(02)2571-3298

國家圖書館出版品預行編目資料

面對一億人也不怕的 33 個說話技巧：簡報、演說、面試、聊天，無論各種場合，人人都想聽你說 / 石川光太郎著；周若譯 .
– 台北市：采實文化，2020.07
--192 面；14.8×21 公分 .--（翻轉學系列；32）
譯自：人前で 5 分以上自信を持って話せる方法
ISBN 978-986-507-126-4
1. 說話藝術 2. 溝通技巧

192.32　　109004667

翻轉學

翻轉學